教養としての
思想文化

寄川条路　著

晃洋書房

まえがき

本書のテーマは、思想や文化の比較から対話へ、文化の交流から異文化間のコミュニケーションへ、そして異文化間の対話や議論から共生や衝突へと進んでいく。基本となるスタンスは西洋の哲学思想をベースにしていながらも、日本の精神文化がそれにどのように反応してきたのか、そしてそこから何らかのカウンターパンチを与えることができるのか、というところに置かれている。

まずは、第1章「コミュニケーションとしての教養」において、さまざまな学問分野をクロスして、教養という知のあり方を探り、時代を超えた教養の姿を検証する。その検証を通して、いまの時代にふさわしい教養のあり方を提示し、将来にわたってあるべき教養の姿を模索していく。

つぎに、第2章「教養はいまどこに？」では、人間の共同体のなかで教養の意義を問い、教養という理念にどのような社会的意義を取り戻すことができるのかを探っていく。教養という知のあり方の意味するものは何か。この問いを耕作・修養・教養・文化・会話へと変換して、教養のあゆみをたどっていく。

そして、第3章「メディア論と知のパラダイムシフト」では、学問の最前線に立って、知のパラダイムシフトを企てるメディア論を興味深く紹介していく。現代のメディア論は、世界をグローバル化するメディアを駆使しながら、伝統的な批判理論を撃ち抜き、言語コミュニケーションの公共圏を突破していく。

そこから、第4章「インターカルチャーと異文化の哲学」では、異なる文化を理解する方法を探っていく。複数の文化が平和的に共存する社会を創造するために、そしてそのような社会を身近なところで実現するために、わたしたちはいま何をなすべきなのか。異文化理解の原理的な問題を設定したうえで、現代社会が直面する具体的な問題の解決へと迫っていく。

さらに、第5章「グローバル・エシックスとは何か」では、現代社会のかかえるさまざまな問題を、グローバリズムとローカリズムが激突する場面で、解きほぐしていく。地球規模の危機に立ち向かう理論を構築することが二十一世紀の課題だとすれば、寛容・連帯・世界市民を唱える学問は、どのようなスタンスを取りうるのだろうか。

最後に、第6章「人文学とリベラルアーツのゆくえ」では、学問から芸術へ、そして宗教にいたるまで、それぞれの理想を備えた調和のある人間の育成が試みられる。人文的教養主義の教育理念は、人間を自由にすることにあった。これが、リベラルアーツの教育理念であれば、この理念は今日、グローバル・リベラルアーツと呼んでもよいであろう。

　人文学もリベラルアーツも、そしてまた教養教育も、いまの時代において、大学の入口にも出口にも、まだしぶとく生き残ることはできるだろうか。そして、さらにそこから、学校教育を超えて社会全体をリードしていくことも可能であろうか。本書は、こうした問題意識に貫かれている。

教養としての思想文化——文系学部の逆襲はなるか？——

目次

序章　若者の未来をひらく教養と教育

「先生、ドストエフスキーって誰なんですか?」

学生にこう聞かれて、大学の先生はあぜんとしてしまった。

「ドストエフスキー事件」とも呼ばれるこのショッキングな出来事は、教養の崩壊をめぐる議論のなかでしばしば引用されるエピソードとなった。学生ならば知っているはずだと大学の先生が思っていたことに、学生のほうはあぜんとしたのだろうが、学生がドストエフスキーを知っているはずだと思うのは、大学の先生のたんなる思い込みすぎない。

いまどきの大学生は、スマホは見ても紙の本は読まない。本を読まなければならない、読んでいないと恥ずかしいといった意識は、とうの昔になくなってしまったのだから。それでも学生は、どのように生きるのかについては、何かしらの関心をもっているようにも見える。問題は、教養と教育がつながっていないことにあるのではないだろうか。両者の回路をつなぐことが、教養と教育を主題に掲げる本章の課題である。

まずは、教養と教育をつなぐ思考回路を設計しておこう。

一　コミュニケーションとしての教養

教養を教育につないでいくのが、コミュニケーションの能力だ。かつて教養とは学問や芸術を学んで人格を向上させることであった。日本においては、心身を鍛える明治時代の修養が、読書を趣味とする大正時代の教養となっていった。昭和になると、教養主義の担い手であった旧制高校が廃止され、教養は大学のなかに取り込まれていく。大学教育は教養と専門に二分され、教養科目と専門科目が置かれる。平成の時代になると教養科目の必修が解かれ、専門科目を中心としたカリキュラムが組まれるようになる。これによって教養の役割は、読書によって人間形成を図ることから、専門教育や職業教育のためのコミュニケーション能力の開発へと向かっていく。

二　言語活動としての教養

学校のなかで求められる教養を明確に定めていくのは、言語活動としての教養だ。学校教育の現場では、ゆとり路線からの転換が行われ、確かな学力を身につけることが優先されるようになった。そのためになされた改善の第一が、言語活動の充実である。言語活動とは、自分の意見を発表して討論しあうコミュニケーション能力のことである。しかし、なぜコミュニケーション能力が重視されるのだろうか。それは、自分の考えを表現し、他者からの批判に耐えられるように訓練することが、学力向上と人間育成のどちらにも寄与すると考えられるようになったからである。

三　表現能力としての教養

技術と化した教養は、表現活動に焦点を合わせ、教養教育を練り上げていく。芸術的には優れた表現力をもっていても、表現の仕方に十分な説明能力がなければ、鑑賞者に説得力をもって受容されることはない。だとすれば、芸術表現を言語化して相手に伝える能力も必要となる。鑑賞者のほうは、優れた作品に接するとき、これまでの自分のあり方を変容させるほどに、自分自身のあり方を問い直すことになる。自由な想像力を養って自分自身をひらき、自己を修練していくためにも、学習した知識の殻に閉じこもるのではなく、他者に対して自己をひらいていかなければならない。これが、表現活動としての教養の意味である。

四　教養としての哲学

教養としての哲学は、自覚的な人間形成の必要を力強く説く。語学力や幅広い知識、古典や芸術の素養が必要だと説くにしても、あるいは、教養をコミュニケーション能力やキャリア教育へ転換すべきだと説くにしても、いずれの立場も教養の必要性を認めてはいる。だがそこでは、なぜそもそも教養が人間にとって必要なのかは問われていない。そこをあえて問うのが哲学だ。人間は自覚していなくても、つねにそのつど人間形成を行っているから、これを自覚的に行わせるのが哲学の役割である。そうであれば、教養とは人間が人間となることであり、哲学的教養とは自覚的な人間形成であるといえる。

五　教養としての倫理

教養としての倫理は、教養の哲学的重要性から、さらに一歩踏み込んで、道徳的な実践にかかわる倫理学の必要を説く。教養が専門にとどまらない幅広い人間形成をめざすのであれば、それは、より豊かな人間性を実現しようとする実践的な倫理でなければならない。そして、実践的な倫理がめざす教養とは、人間性にかかわるものであるから、教養教育とは専門教育のための準備や補足のためのコースとも異なっているはずだ。倫理学とは行為の主体としての人間のよさを定義しようとする学問なのだから、人間がよく生きるためには、それが何であるのかを道徳的に定めていなければならない。

六　教養の歴史から

現代社会に生きるわたしたちにとって、教養とは何を意味するのだろうか。歴史をさかのぼって教養の意味を探っていくこともできる。だが、社会のめざすべき目標や判断の規準が失われつつあるいまの世の中で、わたしたちはいったい何を学ぶべきなのだろうか。目標が明確に定まらなければ、ある規準に従ってこれを学ぶべきだ、ともいえなくなってくる。だとすれば、教養について語るときにも、社会のなかに生きる一市民として、何をどのように学ぶべきなのかということが問題になってくる。教養とは、もはや明確な目的をもった学問でも知識でもなく、社会のなかでの市民として生きるために何をなすべきかを、自分で考えていくことになる。

七　現代人の教養へ

行き先の定まらない若者たちに向けて、これからの教養教育の役割と展望を述べていこう。専門教育や職業教育の重要性が叫ばれるなかで、人格形成としての教養教育の復権が説かれるようになった。若者の職業選択に必要な職業指導・キャリア教育とともに、教養教育と専門教育のあり方が問われ、たんなる技術力の指導だけではなく自己啓発の大切さが再認識されたからである。そこでは、学校教育における教養の役割が試され、教養教育の将来的な展望が見通されるはずだ。これからどのように生きていくのかという問題は、哲学や倫理学だけが発する問いとしてのみならず、自己と進路の確立に向けた、学校教育における学習や指導のなかでこそ生かされてくる。

八　求道としての教養

教養は、いかに生きるべきかという問題を教養の中心に据えて、若者たちにとって本当に大事なものは何かと問う。それは、専門的な知識を集めたり、就職するための技術を身につけたりすることではなく、むしろ、人はなぜ生きているのかという、実存的な問いを目覚めさせるものでなければならない。これこそが教養の主題である。だからこそ、現代における教養は、いかに生きるべきかの探求となり、探求するものたちが時代を超えて築く絆ともなる。教養とは、過去の人たちを模範として、未来に向かって自分の生き方を探ることであり、求道を通じて異なる時代の人たちとの共同を打ち立てることである。

九　若者の未来をひらく教養と教育

教養が教育と絡み合うとき、教養は若者たちにどのような未来をひらいてくれるのだろうか。本章を手引きにして、各章の論述をゆっくりと追っていただければ幸いである。本書は、ドストエフスキーを知らない大学生を横目で見て教養の崩壊を嘆くのではなく、教養書をはじめて読む若者をしっかりとつかまえて教養へとつないでいこうとする試みである。

若者の過半数が大学に進学するようになり、その結果、教養教育や専門教育よりも、卒業後の就職を意識したキャリア教育が大学教育のなかで重きをなすようになった。就職のための資格講座が一番人気で、それはそれで学生のニーズであり、時代の要請でもあるから、仕方がないのかもしれない。しかしその一方で、それまで大学教育の基礎をなしてきた教養教育の意義が見失われてきたようにも見える。

読書によって人格の形成を図ろうとしたかつての教養教育は、働く必要のなかった「高等遊民」に限られていた。しかしいまでは、就職を控えた大学生に向けて、職業選択のためのリテラシー、読み・書き・パソコンが何よりも重視されるようになった。それにともなって、すぐには役に立たない教養教育が軽視されるようにもなった。

そこで教養教育は、専門教育の下請けから、キャリア教育に一役買おうとして、アカデミック・リテラシーに成り代わった。たとえば、エントリーシートや履歴書の書き方から面接のさいの受け答えの作法まで、技術的な作業や実践的な学習目標ばかりが並べられて、そこからは、自己の生き方にかかわるような本質的な疑問が抜け落ちていく。フリーターやニートの出現は、市場の原理に従った自由競争の結果というよりも、むしろ、教育に携わるものの自覚の欠如によるものではないだろうか。

高度に技術化された社会においては、専門は細かく分かれていて、全体を把握することはむずかしい。にもかかわらず、細分化された職業のなかから、自分に合った職業を見つけださなければならないとすれば、そこでは、自分がどのような職に適しているのかを客観的に判断することが求められるだろう。だが、情報だけがあふれた社会のなかで、若者は自分で自分の将来の生き方を決めることに悪戦苦闘しているようにも見える。

若者がこのような困難に直面したとき、未来に向けて目標を指し示すことが教養の役割ではなかっただろうか。教養教育の上に専門教育や職業教育が積み重ねられてきたことも無視することはできないが、教養教育の独自の意義は、むしろ、偏らない人間、調和のとれた人間を形成するために、よりよき方向へと若者を導いていくことにあった。そしていまでも教養の意義はそこにあるものと信じたい。

参考文献

寄川条路編『新しい時代をひらく――教養と社会』角川学芸出版、二〇一一年。
寄川条路編『若者の未来をひらく――教養と教育』角川学芸出版、二〇一一年。

第1章 コミュニケーションとしての教養

はじめに　教養とは何か

教養とは本来、自然に身につけたのではない刺激を外から与えて、精神の芽を育てることを意味しており、人間を真に人間として、りっぱな人格を備えた人へと育て上げることを意味していた。そこから、人間としての生活を豊かにするために、学問や芸術を学んで人間のもつさまざまな能力と可能性を総合的に発達させることを意味するようになる。つまりこれは、専門の限られた職業生活のなかうちに閉じこもるのではなく、知識・感情・意志の全般的な発達を図ってみずからを文化の担い手へと育てていくことである。またこれは、人間が社会から習俗や伝統などの生活様式を習得することであり、社会のなかで文化を継承していくことでもある。

まずは、教養の元となるカルチャーの語がどのように成立したのかを確認しておこう。

1　教養のゆらい

一　外国語としての教養

西洋の古代・中世において、教養とは、知識を身につけて自然の状態を脱し、自己を形成することを意味していた。それは一つには、自然のなかで自然を作り変えて自然から解放されること、つまり人間が自然を支配することであり、もう一つには、社会のなかで人間の内面の自然を作り変えて精神の自由を獲得すること、つまり人間が人間を支配することであった。この場合、教養とは、教育によって精神を自然よりも高いところへ発達させることであり、苦労を経て一人前の人間へと成長していくことを指していた。これは、土地を耕して作物を栽培し、自然のなかから収穫を得るように、子どもを世話し教え育てることにより、大人としての生活態度を身につけさせることである。ここから教養とは、人間を真に人間となすことであり、人間性（ヒューマニティー）の形成、文化の育成を意味することとなる。

西洋の近代において、人間性の向上を図ったルネサンスは、ギリシア・ラテンの古典文化の復興を唱えた。人間と文化をたたえる人文主義の伝統は、近代の啓蒙主義・古典主義・理想主義を経て、十八世紀後半のドイツの新人文主義へと受け継がれていく。そこでは、専門的な職業教育とは区別された人間性の全体的な調和が、道徳・知識・芸術の釣り合いのとれた発展を通して求められた。このとき教養は、ヘルダーによって「人間性の形成」として定式化される。そしてフンボルトによって、古代ギリシアにおける人間形成に見られるような、人間を鍛えて育て上げるために、古典教育を重視したギムナジウム（中等教育学校）と、教養を基礎にした大学（高等教育機関）が設立された。ここから西洋近代社会における教養市民層が形成されていく。

カントによると、哲学用語としての教養の概念は、一方で社会における文化・文明の開化を意味し、他方で個人における精神・知識・身体・性格の育成を意味していた。だがそれは、ヘーゲルにいたって、個人がみずからの自然を否定して公共性を獲得することを意味するようになる。教養とは、人間が自分にとってよそよそしい現実社会のなかで、自然なあり方を否定して自分を公共的な市民へと形成していくことである。したがって、人間性の喪失を引き起こすような自己否定による自己形成が、近代市民社会の特徴をなしていたといえる。

矛盾を経験しながら社会のなかで自己の完成を図っていくことは、具体的な生活の場において、行動を通して人間性の完成を追求し、内面の自然と社会での活動との調和をめざすものであった。経験を通じて自我に目覚め、自己と他者からなる社会関係のなかで自己を発見していく若者は、自分探しのこの過程のなかで、理想と現実の矛盾、個人と社会の葛藤を意識する近代人となっていく。ここから、西洋の近代社会において「教養小説」とも呼ばれる人格の形成過程を描いた物語が生まれてくる。

このような人間形成の理念は、歴史社会学者の筒井清忠によれば、日本においては、努力によって人格を向上させる明治時代の「修養」から、文化の享受によって人格を向上させる大正時代の「教養」へと移っていった。そうであればまた、カルチャーの翻訳語として教養という日本語が定着するのは大正時代以降であるともいえる。

ではつぎに、教養という日本語がどのように成立したのかを確認しておこう。

二　日本語としての教養

翻訳語としては、すでに江戸時代末期の英和辞典にカルチャーの訳語が見られる。堀達之助『英和対訳袖珍辞書』（一八六二年）に、カルチャーの訳語が「耕作、育殖、教導修善」「耕ヤス、殖ヤス」と記されている。明治時代までの英和辞典で教養の訳語を挙げたものはなく、修練という訳語が多く見られる。大正時代の井上十吉『井上英和大辞典』（一九一五年）にはじめて修養と教養の訳がともに載り、神田乃武ほか『模範新英和大辞典』（一九一九年）では、「教化・教養・教育」と「修練・修養」の二つが挙げられている。このことから、教養は教育と同義であったことがわかる。また、和英辞典を見てみると、武信由太郎『武信和英大辞典』（一九一八年）は、教養と修養のいずれにもcultureを挙げている。さらに、昭和時代の平凡社『大辞典』（一九三五年）では、カルチャーの訳語として教養が定着している。以上のことから、明治時代には修養の語が用いられ、大正時代以降に教養の語が用いられるようになったといえる。

哲学の用語としては、カルチャーの訳語は、日本最初の哲学辞典である井上哲次郎『哲学字彙』の第一版（一八八一年）と第二版（一八八四年）には「修練」とあり、第三版の『英独仏和哲学字彙』（一九一二年）には「修練、文化、人文、禮文、禮脩、修養」とある。また第三版には、「良心修養」（culture of conscience）、「哲学修練」（philosophical culture）、「科学修練」（scientific culture）という表現もある。ドイツ語ビルドゥング（Bildung）の語は、『哲学字彙』の第一版と第二版にはなく、ドイツ留学後に刊行された第三版になって「形成、構造、文化、禮文、禮脩、修養、修整、教育、涵養、薫陶、陶治、養成」と訳されている。以上のことから、哲学用語としては、明治時代末期になってようやく、文化という今日の訳語とともに、修養の訳語が用いられるようになったといえる。

日本語としては、努力して人格を向上させる明治時代の修養が、文化の享受を通して人格を向上させる大正時代の教養になったと思われる。ただし、修養も教養も、もともとは中国のことばであり、それがのちになって日本に取り入れられたものである。

修養とは、中国・宋代の朱子学の入門書『近思録』（一一七六年）にあることばで、身を修めて心を養うことを意味していた。そして、修身養心が転じて修養となり、学問を修めて精神を磨き品性を養うこと、つまり人格形成となる。すでに、明治時代の翻訳書、ジョン・スチュアート・ミルの『自由之理』（中村正直訳、一八七二年）には、「才智を修養する」という表現がある。日本の仏教学者・加藤咄堂は、『修養論』（一九〇九年）のなかで修養の語義をつぎのように説明している。「英語之をカルチュア（culture）といい耕作の義なりと、心田を耕耘して其の収穫を得るの義か、独語之をビルヅング（Bildung）といい作為構造の義なりと、人物を作為し品性を摸造するの義と解すべきか」。

教養とは、中国・後漢の正史『後漢書』（四二六年頃）に、「閨門《けいもん》〔家庭〕を修整して、子孫を教養す」にも見られるように、もとは漢語である。日本語でも、イギリスの作家サミュエル・スマイルズの翻訳『西国立志編』（中村正直訳、一八七〇／七一年）に「子を教養する」とあり、明治時代の国学者・吉岡徳明『開化本論』（一八七九年）に「児童を教養し」とあるように、子どもを教え育てるという動詞の形で使われてきた。

一八九一年に、明治学院の総理・井深梶之助は、教育の基本を「パンにあらで寧ろ修養（カルチュール）、忠君愛国のみに偏せずして上帝を敬畏するを以って知恵の本と為す」と宣言した。この宣言は、のちに教養教育センターの雑誌『カルチュール』となって実現するが、「パン」（物質主義）ではなく「修養」（精神主義）を、「忠君愛国」（天皇の国家）ではなく「上帝」（キリスト教の神）を敬い恐れることによって、研究と教育に励むように説いたものである。一八九〇年には教育勅語が発布され、翌年には内村鑑三の「不敬事件」が起こっていることを考え合わせるならば、井深の宣言はかなり勇気のいるものであったと思われる。

一九一二年には、教育勅語の趣旨に添って国民道徳を推進する組織「斯道会《しどうかい》」（人の道）が設立される。斯道会出版部から出た北原種忠の『国民之教養』（一九一二年）に、教養とは総合教育のことであると語られている。「国民の教養は、学校教育のみを以て、其目的を達すべきに非ず。家庭教育の道と、社会教養の設と、三者能く鼎立して、相俟ち相連なる所あり」。教養とは、学校教育のみならず、家庭教育と社会教育をも含む総合的な教育を意味していたといえる。ここから、学校・家庭・社会のなかで文化に関する広い知識を身につけることによって養われる心の豊かさを指すようになる。

明治時代から大正時代に移ると、西洋から受容された人文主義の思想運動から、大正ヒューマニズムが形成される。新渡戸稲造やラファエル・ケーベルのもとで育った、夏目漱石の門下生らを中心にして大正教養主義が成立した。旧制第一高校の校長・新渡戸稲造は、古典から現代におよぶ「広い西欧の教養」を紹介し、東京帝国大学の講師・ケーベルは、西洋の文学と哲学を講じ、西洋文化の源である古典の必要を説いた。近代的自我にもとづく個人主義を説いた漱石門下からは、阿部次郎、安倍能成、和辻哲郎らが現れている。和辻哲郎は『すべての芽を培え』（一九一七年）のなかで、「数千年来人類が築いて来た多くの精神的な宝――芸術、哲学、宗教、歴史――によって」「人間としての素質を鞏固《きようこ》ならしめること」と教養を定式化した。こうして、文化や芸術を通じて人格を形成するという教養主義の観念は、日本では大正時代に、新渡戸稲造およびケーベルの影響を受けた漱石門下の人々によって形成されていく。

ここから日本においては、教養を身につけることは、他者や社会に積極的にかかわることよりも、むしろ個人の人格形成として内面化されていく。パンよりも修養と表現された明治時代の教育理念も、大正時代には、読書や学問を趣味とする「高等遊民」のぜいたくな姿となり、当時においてすでに多数のフリーターを生みだしていく。

だが、昭和の時代になると、大正時代の教養主義は、その砦であった旧制高校が廃止されて、新制大学のなかに取り込まれていく。それにともない、大学の教育は教養課程と専門課程という二つの段階に分けられ、大学の組織も教養部と学部の二つの部門に分けられる。このとき、明治時代から大正時代にかけての修養に由来する近代日本の教養主義も、昭和時代の半ばには、広くて浅いアメリカ流のリベラルアーツに取って代わられる。それと同時に大学には、学部固有の専門科目とは別に、共通科目としての教養科目が置かれる。加えて、一九五六年には大学の設置基準が定められて、一般教育・語学・体育という三分野からなる教養科目が必修になる。

しかし、平成の時代を迎えて、グローバリゼーションの流れとともに、民営化と規制緩和の波が大学にも押し寄せてくる。一九九一年に大学の設置基準が緩められると、教養科目の必修という縛りも解かれることになった。そして、教養課程をなくした四年一貫教育のもとで、学部教育を中心としたカリキュラムを組むことができるようになった。これによって教養教育を担ってきた教養部が解体されることになる。

このように、旧制高校に由来する新制大学の教養部が崩壊すると、教養の中身も大きく変わってきた。大学での教養教育とは今日、教育学者の竹内洋が指摘しているように、読書によって人間形成を図ることではなく、サークル活動や友人とのつきあいを通して常識を身につけることである。すなわち、自宅にこもって難しい本を読むことではなくて、学校に出てきて教室の空気を読むことである。これをコミュニケーション能力といい、大学では「リテラシー」(情報活用能力)と呼んでいる。そうしてみると、教養の語をカタカナで「キョウヨー」と伸ばして書き表すのも、いまはなき一般教養科目「パンキョー」の名残なのかもしれない。

2　教養のゆくえ

一　教養の現在

教養を身につけることが、他者や社会から身を引いて、個人の人格形成を内面化していくだけであれば、難しい本を読んで人格の向上を図るよりも、英会話を学んで他者とのコミュニケーション能力を高めていくほうがよいに決まっている。だが、自分を他者や社会に合わせようとしても、あるいは他者や社会のほうを自分に合わせようとしても、同じように苦労するのはなぜだろうか。

たんなる立場の違いから他者とのあいだにあつれきが生まれることもあるが、共通の言語をもたないために、そもそもことばが通じなかったり、たがいに理解しあうことができなかったりもする。学問のなかでも対話ができないのであれば、専門と教養とのあいだで対話が成り立つはずはなく、無理解の責任を相手に押しつけることになる。極端な場合が、科学であることを誇りにしている自然科学と、科学であることをかたくなに認めたがらない人文学との争いであり、たえず新発見を探し求めてあくせくしている自然科学者と、古き良きものを大切にしたがる人文学者とのあいだにある、たがいの無理解である。

両者のあいだにはまだ、無理解を超えた誤解と嫌悪が根深いところで残っている。だが、衝突を回避する方法だけはわかっている。対立を解決する唯一可能な方法は、英語やリテラシーを学ぶことではない。むしろ、文系の人間が数学や理科の知識をもつことであり、逆に、理系の人間が人文的教養を身につけることである。しかしこれは実現不可能な注文だから、両者の隔たりはもっと大きくなる。学問という知の世界は、いぜんとして文系と理系に分かれたままで、そして専門と教養に大きく二つに分かれたままで、実際のところ、学問が高度になればなるほど、専門化と細分化が進んでいくから、複合領域とか超領域とかいったところで、両者を融合するという壮大なプロジェクトもかけ声だけで終わってしまう。

それでも今日まで、いくつもの学問領域を横断する学際的な活動の必要性だけは繰り返し唱えられてきた。それというのも、専門化して細分化してしまった学問ではとらえきれない問題が浮かび上がってきたからだ。代表的な問題がグローバリゼーションのもたらした地球規模での問題である。たとえば、人間にかかわる問題としては人口問題、自然にかかわる問題としては環境問題、そして社会にかかわる問題としては紛争問題である。表向きには、細分化された個別科学ではこれらの問題に応えることはできないとされているから、文系と理系にまたがる学際的な総合科学が求められるようになった。専門と教養の融合をめざすならば、こうした分岐点でこそ、学際的なインターカルチャーに解決の糸口を求めてみることができるだろう。しかし、文系であれ理系であれ、みずからの専門分野にこだわるかぎり、総合の試みが困難を極めるのは簡単に予想がつく。

では、切り裂かれた文化を乗り越えて、総合を成し遂げることはできるのだろうか。総合科学もしょせんは人文的な教養主義の発想にすぎないのだろうか。文系と理系を融合するといっても、たんなる理想で終わってしまうのだろうか。かりに両者の融合が実現したとしても、実際のところは、社会学や心理学のように文系が理系化するだけか、あるいは、人間科学や生命科学のように理系が文系を飲み込んでしまうだけかもしれない。さまざまな試みを積み重ねて、二つに分裂した文化をふたたび一つに統合することも夢ではないが、そのためには少なくとも、学問のうえでも確固たる方法論でもって、論理的にもその可能性を提示すべきであろう。二つに分裂した文化がふたたび一つに統合するのかどうかも、じっくりと検討しておきたい。

文化とは人間と人間の作ったものであるから、わたしたちは他者と出会うところで、あるいは物を使うところで、自分とは違った文化に出会っているはずである。両者のあいだにあいまいな線を引いてみれば、そこにインターカルチャー論の基本問題を設定することができる。多文化主義という一種の相対主義から、複数の言語からなる文化制度を確立しようとしても、そのあいだに世界はすっかり一元化されているかもしれない。しかしここで、ちょっとだけ腰を据えて、一つひとつの問題をていねいに考え直してみたいと思う。学校や教育というような、今日わたしたちがまったく疑いもせずに前提している、出来合いの文化制度を揺さぶるところから始めてみよう。

二　教養の未来

人間の営みは自分とその周りの人や物に、そして社会や自然の全体にかかわっていく。そこで何よりも、みずからを深く見つめることから出発しながらも、たえず自分という枠組みを超え出ること、そのための能力を身につけることを目標としてみたい。思想・言語・歴史などの人文科学も、政治・経済・法律などの社会科学も、そして自然科学や情報科学も、人間が生きるという営みがあってこそ生まれてくるから、すべての学問を包み込むような総合的な学問の構築が最終的な目標となる。そのためには、わたしたちのもつ特定の言語とその背景をなす精神風土、それらをはぐくむ文化や社会に対する包括的な理解を獲得することが肝要であると考えられる。

自然や環境といった大きな枠組みのなかで、一人ひとりの人間に焦点を合わせてみよう。その人の考え方や感じ方、そして表現方法を手がかりとして、総合的な文化の構築をめざすことになる。総合的な文化には、文学から芸術まで、宗教から歴史まで、さまざまな分野にわたる多種多様の科目が含まれる。こうした学問とともにわたしたちは生まれ育ち、そしてわたしたちの文化を築き上げてきたのであるから、古典と呼ばれる文献テクストを引き継いでいくことも不可欠である。だが、書物に限らず文字・映像・音声などのあらゆる種類のデータを駆使して、情報メディアを限らずに教育研究の材料として幅広く拾い上げていくことも必要になる。

哲学や倫理学は、思想文化というより大きな領域に属するが、いずれの学問領域もたがいに絡み合って、学問の全体を系統的・組織的に構成していく。たとえば、学問の区分でいえば、人間文化から歴史社会まで、地理的な区分でいえば、欧米から東アジアまでが一つの範囲となる。そこでは何よりもまず、日本文化と触れ合うことが中心的な対象領域となる。言語の区分でいえば、西洋古典から近現代の欧米文化へ、古代アジアから現在の日本文化へ、比較文化論的なアプローチを欠かすことはできない。社会という観点からは、歴史を思想史へと組み替えてカルチュラル・スタディーズへと関連づけていくこともできる。

さらに、心理学や社会学という二十世紀を代表する学問を、情報学やメディア論を始めとする二十一世紀の学問へとつないでいくこともできる。グローバル化時代を迎えて社会の枠組みが大きく変化している今日では、世界各地における諸科学の伝統を引き継ぎながらも、未来へ向けてそれらをとりまとめていくことが学問研究の課題となる。これは新たな視点から総合的な学問を構築することである。そのためにも、いくつもの科学がたがいに協力しながらも競いあい、教育と研究の体制を整えていく必要がある。分野を超えた協力と競争によってのみ、伝統的な知の枠組みを軽々と超えていくことのできるような共同研究も可能になる。

そこで、思想文化に関連した複合的な研究を挙げると、つぎのようになるだろう。まず、人文科学・社会科学・自然科学の全体を対象とする学際的な総合研究であり、つぎに、従来の地域研究ではもはや対応できない地球規模での問題に対応しうる国際的な異文化学であり、そして、情報テクノロジーの変革に沿ってパラダイムシフトを可能とするメディア論である。それに合わせて思想文化論も、グローバリゼーションの時代を迎えた二十一世紀には、地域研究という特定の空間区分と時間区分を超えて、総合的な取り組みを強調するグローバル・エシックスへと方向転換する。

個別科学から総合科学へ、複合的な研究を実践する大学教育の現場では、一般的な教養教育から専門的な学部教育まで、教育課程の一貫性が要求されている。従来のように地域や時代を細かく分けて、特定の領域に限って一つの分野だけを学ぶ体制ではなく、個別研究の成果を生かしつつも、学問間の境界を越えてたがいに横断する双方向的な学際性を確保し、教育内容を発展させていく必要がある。つまりどの分野も、一般教育から専門教育へ向かっていくと同時に、専門教育から一般教育へ向かっていくのである。

そのためにも、広範な視野に立つ教育を行うことが不可欠であり、それを可能にする教員が必要になってくる。そして、専門的な職業人である教員には、グローバルな問題にも適応できる実践的な多言語能力を生かした高度で先端的な地域研究と、地域をまたがる間地域研究に取り組む人材を育てていくことが課題となる。これはたとえば、留学体験や異文化での生活経験にたけた学生を育てることによって、現代社会に生じる諸問題に積極的かつ柔軟に取り組む行動力のある若者を育成することでもある。

おわりに　教養教育の課題

学問には、人文科学・社会科学・自然科学という伝統的な区分があるにしても、現代社会は、既成の学問区分にとどまることなく、人間と文化への根本的な問い直しを迫っている。人間が作った文化への問い直しは、人間と社会のみならず、自然と環境にまで通底する問題をはらんでおり、このような現実に対して、学問を通して変容する時代を解き明かすべき可能性が、大学教育に期待されている。

かつて語学教育と専門教育に携わり、いまでは共通教育科目を担当する現場にいて、筆者は、個々の専門分野に限定されず、言語・思想・文化・歴史・情報・生命・環境など、学問の多領域を横断して現代社会を見つめ直したいと考えている。哲学・倫理学を基盤分野として教育に携わるにあたっても、思想文化というより大きな枠組みのなかで、特定の地域や時代に対象を限定することなく、多様な観点から幅広く教養教育を推し進めていく必要があると思う。

参考文献

阿部謹也『「教養」とは何か』講談社現代新書、一九九七年。
苅部直『移りゆく「教養」』NTT出版、二〇〇七年。

清水真木『これが「教養」だ』新潮新書、二〇一〇年。

高田里惠子『グロテスクな教養』ちくま新書、二〇〇五年。

竹内洋『教養主義の没落——変わりゆくエリート学生文化』中公新書、二〇〇三年。

筒井清忠『新しい教養を求めて』中公叢書、二〇〇〇年。

筒井清忠『日本型「教養」の運命——歴史社会学的考察』岩波現代文庫、二〇〇九年。

筒井清忠編『新しい教養を拓く——文明の違いを超えて』岩波ブックレット、一九九九年。

仲正昌樹『教養主義復権論』明月堂書店、二〇一〇年。

原宏之『世直し教養論』ちくま新書、二〇一〇年。

村上陽一郎『あらためて教養とは』新潮文庫、二〇〇九年。

第2章　教養はいまどこに？

はじめに

他者を気遣うあまりに遠慮しすぎると、自分のことが語れなくなってしまう。他人に気を遣ってばかりいると、そのうちに自分がわからなくなってしまう。かたちの定まらない教養は、いつの間にか、ゆくえ不明となってしまった。これからどこへ向かっていくのかも、見通すことができなくなってしまった。教養の未来が見えてこないにしても、しかし、移ろいゆく教養のゆらいだけは、ゆるやかにたぐり寄せておくことができるだろう。

1 「耕作」——ものを作る江戸のカルチャー

「カルチャー」(culture) とはもともと、農業を英語で「アグリカルチャー」(agriculture) というように、田んぼや畑を耕して、穀物や野菜などを作ることであった。まずは、道具を使って、山野を切り開いて農地を作ることであり、つぎに、農地に種をまいて植物を育てることであり、そして、実った作物を取り入れることである。この一連の作業が農業である。農業とは、土地を耕して作物を得るためのひとつの生業であって、生きていくための糧をうるひとつの職業である。

人間の生活スタイルは、原始的な採集生活から農耕生活へ移行することで、土地を利用して人間にとって有用な植物を栽培するように変わっていった。これによって、生きていくために必要な食料を生産する農業が生まれた。栽培によって作物を生産し、それを加工して利用するようになったのである。これを農業というが、とりわけそのなかでも、作物を植えつけるために、田畑を掘り起こして土を柔らかくする作業を「耕作」といった。

種まきや植えつけができるように、田畑の土をスキやクワで耕す。まずは土地を拓き、そこから作物を栽培する。農業とは、田畑を耕して作物を獲得するまでの一連の営みであり、耕作とはそのなかの基礎作業をいう。また、農耕とは、農業全体を指すこともあるが、農業に関する「技術」であるともいえる。

しかし、農作業の技術がどんなに進歩しても、農業の基礎をなす土地は自然の制約から免れえない。自然条件はそう簡単には克服できないからである。農業は、一方で土地や気候などの自然条件に左右されながら、他方で流通や生産などの経済的条件とつよく結びついている。農業もひとつの産業だとすると、今日の農業は、生産から加工を経て流通・販売にいたる経済システムとみなすことができる。農業はますます技術化して、技術は限りなく進歩していく。技術が向上すれば生産性が上がるが、機械化が進めば進むほど、それに反比例するように、農業に従事する人口は減っていく。

サラリーマンが定年退職後に、田舎に閑居して晴耕雨読するのも、日本に典型的に見られる現象らしい。不況の影響で都会に仕事がなければ、農村へ移ることもあるだろう。いまでは、都会の生活をやめて、職を捨て田舎に移って農業を営むことを「帰農」と呼んでいるが、一時的な出稼ぎや若者に見られるUターン現象もそのひとつであろう。田園に帰って耕作に励むことが奨励されるのも、農業に従事するものが減っていることによるのかもしれない。

都人士への農作業の強制は、徴兵制ならぬ「徴農制」ともなりうる。徴農制は、若者を農作業に従事させて精神を鍛え直し、同時に、ニートやフリーターを動員して衰退する農業を再生するのに、一石二鳥ともいえよう。そこまでいかなくても、学校生活のなかで、田植えや園芸を通して人格形成を図ったり、日ごろ土に触れることのない若者に農作業を体験させて人間性を回復させたりと、教育と農業を結びつけて考える学校もある。

土地を耕してはものを作り、作物を収穫してはこれを食べる。あるいは、農産品として売る。これによって、農業を生業とするものは生きる糧を得て生活を支え、農作業を体験するものは健康なからだと健全なこころを作り出す。健康なからだ作りに励むのも、安全な国産品を求めるのも、健康を第一とする今日的思想のひとつである。化学肥料や農薬を使わずに、家畜の糞尿やワラを肥料として使う有機農法が、わたしたちに安心感を与えてくれるのもそのためである。これも、化学農法が効率を求めるのに対して、有機農法が自然本来の安全性と生産性を保証してくれるからであろう。

木々が大地に根を大きく張り巡らすように、有機肥料を与えられた植物はたくましく育っていく。

有機肥料であれば、効き目は遅くとも、副作用はない。ゆっくりと、しかししっかりと基礎を築き上げて、未来に向かって着実に伸びていくように育てたい。ものを作る農業にも、人を作る教育にも、このような願いが込められている。近年、化学農法から有機農法への回帰が見られるのも、人間にも自然にもやさしいという、人間が作った文化へのつよい信頼なのだろう。

2 「修養」──心身を作る明治のカルチャー

修養とは、すぐれた品性や性格を身につけ、より高い人格を形成していくことである。とくに、肉体と精神を鍛えて、からだとこころに磨きをかけていき、その鍛錬の道を経て、品性を養って人格を高めていくことを意味する。

そもそも、修養ということばは中国語であって、学を修めて徳を養うことであった。学問を学んで道徳を身につけるのも、人間の精神を美しく善いものへと向かって完成させていくためである。そこから、自己をより高いところへともたらし、他人を治めることへと反転していく。これが、東洋における人間学の基本「修己治人」(己を修めて人を治める)である。

中国語では、己を鍛えて徳を積み、その徳によって人と世を治めるという意味である。まずは自分に磨きをかけて徳を積み、人格でもって他人を感化して社会を支配するのが、儒教の根本思想であった。この考えは今日の日本にも受け継がれていて、管理職のためのビジネス本のなかでたびたび引用される。自分をマネージメントすることができなければチームをマネージメントすることはできない、という発想である。

日本の書も古くは漢語で書かれていて、すでに江戸時代の儒学書に修養の語が見られる。翻訳語としては、明治時代の啓蒙書に「修養する」という動詞の用例があり、日本語としての修養は、明治時代の文学作品のなかにも多く見いだされる。ここから、心身を修養するという意味で、「修身」や「修心」ということばが生まれてきた。

「修身」というと、天皇への忠誠心を育てるために孝行や勤勉などの徳目を掲げた、戦時中の道徳教育を連想するかもしれない。しかし、修身とはそもそも、自分の行いを正して修めることであり、身を修めて善を行うように努めるという意味であった。そうはいっても、私的所有にしがみつき私利私欲にまみれた現代社会では、身の回りを清く保つことはむずかしいから、そこではむしろ、こころだけは正しく保とうという考えが生まれてくる。

こころを修めると書く「修心」のほうは、かつて文部省が教育改革の柱とした「こころの教育」にまで引き継がれていく。こころの教育とは、子どもたちのこころが荒廃しないように、規範の乱れを正そうとしたものだが、こころの教育の引き金となった子どもの問いは、「なぜ人を殺してはいけないのか」という道徳判断の規準そのものを問うものだったにもかかわらず、その問いに教育者も役人も答えられなかった。

　改革をしなければよくならないと思うのは役人の発想で、改革を繰り返してきた学校教育の現場を見れば、改革のゆくえも予想がつく。ゆとり教育をはじめ、総合学習から大学改革まで、肝心の教育方針が定まらないのだから、改革のための改革が続くばかりで、これでは改革を永続的にやり遂げなければならない永久革命論にほかならない。教員による授業内容や方法の改善（ファカルティー・ディベロップメント）、学生による授業評価アンケートがこれである。実のところ、改革をしなければならないのは、改革をしなければよくならないという、精神的な強迫観念のほうだろう。

　精神の修養という意味では「精進」という仏教用語もある。もとは雑念を捨てて一心に仏道修行に励むことであったが、これが転じて広くひとつのことに打ち込んで一生懸命に努力することとなる。さらには、やりたいことはがまんしても、やるべきことをきちんとやり遂げることとなる。俗には、飲食を制限して身を清めるという意味で、魚や肉を用いないで野菜や穀物などを使ったベジタリアン料理を「精進料理」といっている。とはいっても、精進のまえにもあとにも、肉や魚をたらふく食べるのだが。

　今日でも、精進ということばが生き続けているのは、健全な身体に健全な精神が宿ると考えて文武両道を唱える男子校か、日本古来の礼儀作法を身につけた大和撫子を養成する女子校ぐらいだろう。心身の鍛錬によって教育理念を効果的に実行しようとする試みは、学校における体育や道徳教育のなかに典型的に見られる。私立学校のミッション・スクールで行われている宗教教育は、その一例である。チャペルアワーといって礼拝堂のなかでお祈りをするのも、日本の伝統文化を学ぶといって畳の上で正座をするのも、同じ動作を繰り返すことによってからだで覚える修養の実践例である。反復練習によって子どもたちを感化していくという点では、宗教教育も、職業体験から就職活動へと子どもたちをリクルートしていくキャリア教育も、さして変わりがない。

さらには、学校教育もキャリア教育からライフデザインへと広がっていくご時世であるから、教員免許を取るために、学校での教育実習に加えて介護施設での介護体験が義務づけられたのも、明治時代の修養論にさかのぼることができよう。

3 「教養」——頭脳を作る大正のカルチャー

教養の語はそもそも、中国の古書に「教養子孫」とあるように、子どもを教え育てるという意味をもっていた。明治時代の日本でも、西洋文明を伝える翻訳書に「子を教養する」とあり、文明開化を説く和書にも「児童を教養する」とあるから、教養が教育という意味で使われていたことがわかる。

しかしその後、英語の「エデュケーション」(education) に日本語の「教育」という語が当てられたことによって、しだいに教養の語は教育の意味では使用されなくなる。教育という意味での教養の語は、日本語としては定着しなかった。教養が教育を意味していたのはかつてのことで、いまではたとえば「教養教育」というように、教養と教育が結びつくにしても、両者は一応別のことがらだと理解されている。

教養とはすなわち教育のことである、というわけにはいかない。教育という意味の教養も、しだいに、学問や知識を習得するための教育によって養われた品位から、教育や学習によって蓄えられた能力や知識のほうを指すようになる。つまり、教育を受けることによって身につけられたものを教養と呼ぶようになったわけである。

もって生まれた性質に加えて、学習や練習によって経験的に獲得した能力を文化的な教養とみなしてもよいだろう。教養がもてはやされた大正時代に、教養ある人物の具体的な姿を探してみると、母親のように落ち着きのある声で話す女性や、音楽や美術についても造詣が深く、時事問題についてもそつのない意見を述べることのできる男性に、その典型を見いだすことができる。

気品のある振る舞いや抜かりのない所作は、身体的な運動や精神的な態度と結びついて、文化的に洗練された人間の品位となる。上品な人とはまさに教養ある人物への最高の敬称だった。教養はそこからさらにさかのぼって、教養ある人物が備えた文化に関する広い知識を表すようになる。大正時代の日本で、教養の源泉が釈迦やキリストのようないにしえのすぐれた思想家のなかに求められたのもそのためである。

教育という意味から出発した教養の語も、大正時代以降は、教養を体現した文化という意味で使われるようになる。教養という語が、英語の「カルチャー」(culture)やドイツ語の「ビルドゥング」(Bildung)の訳語として使用されるようになったのも、このころかと思われる。

肉体の鍛錬をともなってはじめて習得される修練とは違って、教養は文化的な装いをもって博学な知識へと変わっていく。文化的知識としての教養とは、たとえば「趣味は読書」というように、本を読むという行為が高尚なものと考えられていた時代の名残であろう。しかし今日でも、学習によって培われた能力としての学力や、学校で獲得されるべき資格としての学歴は、土地や家屋や金銭などの経済的な資産のように、文化的な資産となってしっかりと世代間で受け継がれていく。

「夢は大きく、目標は高く!」のように、学習によって獲得される能力志向も、より高い目標に向かって努力するまじめな姿とみなされる。そして、より高い教育を受けるために、より高い学校へ入学するという、終わりのない準備や助走も、「受験競争」へと集約されていく。

学歴偏重の風潮も、「旧制高校」のもっていた特権的な意識にまでさかのぼることができようが、第二次世界大戦後に行われた学校制度の変革によって新しい大学が生まれてくると、「旧帝国大学」という名称を考え出して、戦前の国立大学を別格に扱おうとする。だから時代が変わっても、それほど違いはないのだろう。懐古的な響きをともなっているという点では、旧制高校も旧帝国大学も、大正時代の教養主義への一種のノスタルジーにすぎない。

教養を身につけることが立身出世の手立てとなったのも、試験でよい点数を取ることや、入学試験や採用試験で合格することが、人間の一生を人生の大事な局面で左右するようになったからにほかならない。競争の原理は、偏差値となって学校を序列化しただけではなく、社会のあらゆる仕組みに浸透してわたしたちを終わりなき競争へと駆り立てていく。そしてそのなかへわたしたちを閉じ込めてしまった。

競争のリングからわたしたちはもはや逃れ出ることができない。そこから逃げ出すことができるとすれば、それは、すでに教養を身につけたときではなく、むしろ、競争から脱落してみずからを「負け組」と認めたときである。そうであれば、知性や品性を養って教養をまとうことも、結局のところは、文化の富を競って買い求めることなのであろうか。

4 「文化」——施設を作る昭和のカルチャー

文化という語は、明治時代の哲学事典に「Enlightenment〔啓蒙、〕大覚、文化」とあるように、科学的な知識によって人間の生活を改善しようとした啓蒙や、仏教的な悟りによって本来の自己を自覚する精神の働きを指していた。

もともと文化とは、力に任せて強制するのではなく、学問によって教え諭すことであり、人を納得させること、人に自覚させることであった。古くは、「刑罰」に対して「文化」とあるように、漢籍に見られる言い回しであって、中国の説話には、「武」に対して「文」とある。戦争をして人を殺すことではなく、人と仲良くして共存することを文化といった。文化的ということばには、いまでもそのニュアンスが残されている。

世の中が開けることを「文明が開化する」というが、文明も開化も中国語であって、二つを組み合わせると日本語の熟語となる。「文明開化」とは、一般的には、生活が便利になることであるが、歴史上の出来事としては、明治時代のはじめに、西洋の文明を輸入して日本が近代化していくプロセスをいう。当時の日本は、西洋の先進国から知識や技術を輸入して、西洋を目標に追い付き追い越そうとしていた。

文明という語は、明治時代のはじめから使用され、文明開化という熟語となって時代の流行語となり、日本全国に普及していく。最初は、文化という語とともに、英語の「シビライゼーション」(civilization) の訳語として使用されていた文明も、知識や技術が向上することによって社会の制度が整備されていくと、それにともなってもっぱら物質的な豊かさを意味するようになった。

文明開化によって西洋の文物が日本に入ってきて、日本が急速に近代化していく明治時代の前半では、英米の「物質文明」が時代を表すキーワードとなる。しかし、明治時代の後半になると、ドイツの「精神文化」が日本社会にゆっくりと少しずつ浸透してくる。それにともなって文化の語は、英語の「シビライゼーション」(civilization)からドイツ語の「クルトゥーア」(Kultur)の訳語へと転じていく。明治時代の半ばに文化という訳語が定着すると、それ以降は、しだいに「精神的な文化」と「物質的な文明」というように両者の違いが強調されるようになった。そして大正時代に入ると、より広い意味で文化の語が用いられるようになり、文化が文明をも含意するようになる。

文化ということばが使いはじめられたころには、ことば自体が新鮮な響きをもっていて、モダンな、新しい、開かれた、進んだ、というように肯定的な意味をもって登場してきた。たとえば、「文化生活」ということば自体が新しいものであって、自然に依存した生活に対して、科学を活用して生活を享受する新しい生き方を意味していた。新しい生活用品を利用して合理的・能率的に営まれる生活スタイルのことである。そして、文化ということばが流行っていたころには、和風の畳部屋に洋風の応接間をつけた和洋折衷の住宅を誇らしげに「文化住宅」と呼んでいたが、だがそのことばも戦後の高度経済成長期には、設備が調って便利なだけの、新しい形式の木造アパートの俗称にすぎなくなる。

文化とは、およそあらゆる人間の産物であり、学問や芸術のように、自分を高めていくために人間が作り出したものである。とはいっても、創造的なものもひとつの制度となって固定されるように、文化もありとあらゆる教養講座を詰め込んだひとつの施設となる。「カルチャーセンター」とは、スポーツから語学や教養にいたるまで、幅広く主婦や高齢者を対象にした生涯教育施設である。便利な電気製品が家庭に導入されて「文化生活」が普及すると、家庭の主婦に時間的な余裕が生まれ、暇なものだから、教養も身につけたいという欲求が生まれてきた、というのが一通りの理由説明である。

カルチャーセンターが誕生する背景には、日本の高度経済成長期に女性の社会進出が進んだというよりも、むしろ余暇時間の増大があったのだろう。また、少子化にともなって子どもを相手にした学校が少なくなると、それに代わって、専業主婦や定年退職後の高齢者のような、時間とお金を持て余した有閑階級に向けて、生涯教育施設が生まれたのである。

はじめは、新聞社や放送局のような文化を販売するメディア産業が時間をつぶす場所を提供していた。そしていつの間にか、デパートのような商業施設や公民館のような公共施設が文化の拠点となって広がっていく。カルチャーセンターが公共の場に侵入していくのも、一つには、公民館やコミュニティーセンターが地域の学習施設だったからであり、もう一つには、住民がたがいに協力し合うための公共施設でもあったからである。

こうして地域社会の文化は、カルチャーセンターからコミュニティーセンターへと広がっていき、公民館や集会所のような地域住民の交流施設から、学校や図書館のような教育施設にいたるまで、コンテンツ産業のハードウェアともいうべき「箱物」へと移り変わっていったのである。

5 「会話」──友人を作る平成のカルチャー

教養を身につける場が学校からカルチャーセンターへと移っていくと、学習の場も教室という閉ざされた空間から社交の場へと開かれていく。学びを通じて新しいものを身につけ、蓄えられた知によって人格を高めていく教養主義の伝統も、学力の向上をめざす学校を飛び出して、常識を備えるための社会勉強となっていく。そこではもはや教科書を読んで難しい語句を覚える必要はない。受験勉強から解放されて、同好の士といっしょに楽しく語り合うことが主眼となる。教養の目標は、偏差値の上昇から趣味の広がりへと移りゆき、読書による人格の陶冶から言語によるコミュニケーション能力の開発へと変わっていく。

学校での学習目標も変わってきた。なぜ難しい本を読まなければならないのか。かつては聞かれることのなかったこの問いも、身近なところで切実さをともなって発せられると、それなりにまじめに答えなければならない。だが、当たり前のように思っていたことも、面と向かってそのわけを問いただされると、それを常識だとみなしてそれ以上に考えることを怠けていただけの、ただの思い込みにすぎなかったことがわかってくる。

ことばを発することが大事なのであって、話の内容が大事なのではない。話すことそのものを楽しもうとしていると、相手の話は聞かなくとも、こちらから話しかけようとする。あるいは、相手の話を聞いているふりをして、たがいに自分のことばだけを相手に投げつける。これではまるで二人で同時に独り言を言っているようだが、自分の話を聞いてくれる相手がほしいと、どちらの側も本気で思っている。しかし、だれかに向かって話はしたいのだけれども、話を聞いてくれる相手はどこにもいない。

会話とはもともと、二人以上の人が集まってたがいに話をかわすことであった。キャッチボールのようにことばが行き交うのが理想であり、基本的には、二人の会話であるはずだった。だが実際には、二台のバッティングマシーンがボールを投げ続けているように、休むことなく一方的にことばを発し続けているにすぎない。

外国語の学力があれば、遠く離れた異文化との会話も成り立つはずなのだが、会話といっても、じかに会って話すばかりではないだろう。外国語の文献を読むことができれば、それはそれでテクストとの会話が成立しているともいえる。だがそうはいっても、文法と読解の知識だけでは、外国語を日本語に翻訳することはできても、横のものを縦にして読み下しているだけであるから、会話の能力が育つはずはなく、外国語の習得というよりも、むしろ日本語の練習といったほうがよいだろう。

ところがいまでは、ことばの鍛錬にも、国際的なコミュニケーション能力が必要だということで、英語力の開発へと進んでいく。英語教育の目標が、日本製の「英検」に合格することから、アメリカ製の「トーイック」（TOEIC）を受験して、英語の実用的なコミュニケーション能力を測ることへと変わってきたように、日本の学校でも、日本語で英語を教えることから、英語で英語を教えることへと変わってきた。これもまだ序の口で、日本の企業でも、楽天やユニクロのように、社内での公用語を日本語から英語に切り替えるところも出てきた。

外国語で話をすることにストレスを感じる人も多いだろうが、学校での英語教育がネイティブだけの授業になれば、これにも慣れてきて、そう大した負担にはならないのかもしれない。とかく外国語学習では文法と読解だけを学んできた世代からすれば、会話や作文だけを習うというのはネイティブ信仰とも見えるのだが。そして何よりも、その言語を母語とするネイティブスピーカーのほうがその言語をうまく使いこなせて、さらにはより上手にその言語を教えることができるというは、根拠のない一種の信仰だと思うのだが。だがこれは、いまではどこの学校でも社会でも固い信念となっている。

筆者などは、日本と外国の学校で教職科目を履修していたときに、ネイティブだからといって外国人よりもその言語がうまいわけではなく、外国人だからといってネイティブよりも下手だというわけではない、と実感した。ましてや、言語を教える段になると、ネイティブであろうが外国人であろうが、まったく関係がないと開き直ったのだが、これも個人的な経験にすぎないだろうか。たんに、ある言語を上手に話したり教えたりすることができる人もいれば、その言語を上手に話したり教えたりすることができない人もいるだけのように思うのだが、いかがなものであろうか。

英語で話すことへの憧れも恐れも、何もいまに始まったわけではない。すでに明治時代から日本では、英会話にまつわる嘆きは絶え間なかった。学ぶ側からすれば、学校の英語教育は不完全なもので、ほとんど会話というものはなかった、という不満もすでにあった。しかし他方で、教える側からすれば、会話の教師とは情けない、という嘆きがあったことも覚えておきたい。

教養とは、好きこのんで難しい本を読んだり、何でもよいから新しい知識を身につけたりすることではない。むしろ、自然に周りの空気を読んで、他人との良好な間柄を保つコミュニケーション能力のことである。学校でのサークル活動や社会でのボランティア活動に見られるように、教養は、個人のもって生まれた才能や努力によって獲得された知識ではもはやない。

たとえば今日でも、「みんなのために」というような、だれも反対できない教育理念を掲げてみたり、「笑顔であいさつ」などといった、おもわず笑ってしまうモットーを掲げてみたりして、他者への貢献や他者との協調に重きが置かれることがある。そのとき必要とされているのは、天才的な演技でも派手な個人プレーでもなく、チームの勝利のために喜んで自己を犠牲にする献身的なチームプレーである。チームプレーに徹することが、キャリア教育を行う学校で、そして、その先に待ち構えている社会で、もっとも大事なものになってしまった。

教養とは、もはや個人の資質でも能力でもない。むしろそれは、その場の雰囲気を読み取るように、他者とのスムーズなコミュニケーションを図る柔軟な適応力のことなのであろう。

おわりに

わたしたちは、みずからの足元を見つめる間もなく、そしてその余裕すらもなく、たえず周りを見回しては、他者との距離を測って自分の居場所を探していく。一人ひとりはふらついていても、たがいに寄り添うことができれば、ひょっとすると安全な場所を確保できるかもしれない。しかしそのとき、わたしたちの居場所は見つかるだろうか。そしてそこに、果たしてわたしたちはいるのだろうか。

参考文献

石原千秋『近代という教養――文学が背負った課題』筑摩選書、二〇一三年。

杉谷祐美子編『大学の学び――教育内容と方法』玉川大学出版部、二〇一一年。

中嶋嶺雄『日本人の教養――混迷する現代を生き抜くために』朝日新聞出版、二〇一一年。

西山雄二編『人文学と制度』未來社、二〇一三年。

林哲介『教養教育の思想性』ナカニシヤ出版、二〇一三年。

藤本夕衣『古典を失った大学――近代性の危機と教養の行方』NTT出版、二〇一二年。

吉田文『大学と教養教育――戦後日本における模索』岩波書店、二〇一三年。

第3章 メディア論と知のパラダイムシフト

はじめに

メディア論の登場により、知の現場は根本的な変化を起こしている。たえず変化しつづける現代の知的状況を、メディア論を中心に据えてスケッチしていくのが本章である。なかでも、知的状況をリードしているメディア論を取り上げ、一九九〇年代から際立って目立ってきた知のパラダイムシフトに考えをめぐらせていく。

たがいのメディア論をリンクさせてみると、学問や制度、文化や表象、思想や表現という分野において、メディアをキーワードにしながらも、メッセージであったり、マネージメントであったりする、メディアの多角的な状況が見えてくる。学問の領域を横断してメディア論を学際的にとらえてみると、知の動向を追跡しながらも、根底ではたがいに通じ合っているスタンスを取り出すことができる。これによって、メディア論と従来の学問との接点を探るとともに、メディア論の現在をメインに置くことで、知の最前線に立つメディア論を興味深く紹介することにもなる。

ただし、本章は、メディア論のたんなる紹介にとどまるものではない。むしろ、従来の知の枠組みを問い直していくためにも、広い意味でのメディアを視野に収め、現代のアクチュアルな領域に踏み込んでいく。

1　メディア論とは

話すことも聞くことも、書くことも読むことも、伝達の手段や方法と切り離して考えることはできない。歌うにしても話すにしても、声に出して語るものであり、聞くものだった。文字にしてからというもの、読むものになり、書かれるものになった。そしていまではどうだろうか。テレビの画面で、そしてコンピューターのディスプレーで、見るものになりつつあるのだろう。では、わたしたち自身は、これによってなにか変わったのだろうか。

たしかに、新聞・雑誌・テレビなどの媒体の進歩によって、わたしたちの生活スタイルも変わってきた。わたしたちの知にも、なにかしらの変化が生じたのだろう。メディアの歩みをスケッチしてみると、変化しつづける知の状況が浮き彫りになってくる。

しかし、メディアの進化は、たんなる伝達手段の変化ではない。語り伝えることから書き記すことへ、手で書き取ることから活字で印刷することへ、そして電子メディアへと、メディアが段階的に変わると、それに応じてわたしたちの思考方法も変わってきた。

郵便・電話・インターネットの普及は、わたしたちに便利さを与えただけではない。メディアは、わたしたちの感覚に変化をもたらし、人間の思考を支配していく。そうであれば、重要なのはもはや伝達される内容などではない。むしろ、メディアの仕組みを解明することである。だがそうはいっても、メディアをとらえようとすると、メディアはたえずメディアであることを隠そうとする。

メディアの歴史はテクノロジーの発展史である。人類の歴史のなかで考えてみれば、印刷技術による書物の普及もつい最近のことである。十九世紀に、近代の文化を支える読み書きが確立したが、二十世紀には、新しいメディアの登場によって、近代の産物である活字メディアは解体へと向かう。そこから数学的なコンピューターが登場する。古代にまでさかのぼる技術メディアは、近代における大規模な変遷から、現代のコンピューター社会までを貫いている。

では、どのようにメディアは進化してきたのだろうか。この過程を、順を追って見ていくことが本節の課題である。

まず、メディア論という新しい知の登場によって、伝達の方法や知の枠組みは変容し、あらたに組み直されてきた。代表的なメディア論者・キットラーは、変化のようすを言語論からメディア論への展開として論じている。思考の枠組みへの問いかけが言語論へと、さらにメディア論へと深まっていった、このような歴史的経緯を追うことができる。

それに対して、メディアを歴史としてではなく、むしろ、文化を表現するシステムととらえることはできないだろうか。これは、歴史のなかに透明な姿で介在していたメディアのあり方をえぐり出すことである。気鋭のメディア論者・シュナイダーは、メッセージを伝える伝達手段としてではなく、秩序づけ制御して管理するマネージメントとしてメディアをとらえ直す。

これを現代における知的状況の変化としてとらえてみよう。二十世紀の特徴を一言でいえば、批判的知識人が引退したあと、その影響力が衰退してしまい、人文主義ないしは教養の時代が終わった時代といえる。そのような印象を与えるのは、新世代の哲学者・スローターダイクの活躍のためだろうか。

そこから、現代の知を、文字メディアから映像メディアへと、メディア論の方向を整理することができるだろう。映画・テレビ・ケータイ・スマホなど、情報メディアの変遷を経て、話題の劇作家・シュトラウスは、テクストという活字メディアから、演劇というパフォーマンスへとアクセスしていく。

キットラー、シュナイダー、スローターダイク、シュトラウスの順で取り上げてみると、知のパラダイムシフトをこのように描くことができる。たがいのメディア論をリンクさせると、学問や制度、文化や表象、思想や表現という分野において、メディアの多角的な状況を描きだすことができるだろう。メディア論の現在を伝える本章では、まずは、現代の代表的なメディア論をおおまかに概観したうえで、以下において、各メディア論をくわしく検討することになる。

2 言語からメディアへ

時代を区切るにはいろいろな基準があるだろうが、いったいどのような基準でわたしたちは時代を区切っているのだろうか。そして、それらの基準は、たがいにどのような関係をもっているのだろうか。

たとえば、音声の時代から文字の時代へ、文字の時代から映像の時代へと、時代を区切ることができる。伝達の媒体を一つの時代区分としてとらえるのだが、こうした時代区分には、どのような意味があるのだろうか。

基準となる要素にはいくつかあるようだ。そのなかの一つが、コミュニケーションのための伝達技術である。たとえば、口語・文字・印刷・コンピューターなどがそうである。時代を画するコミュニケーションも、もとをたどれば、このような伝達技術にたどり着くだろう。

そこでもし、わたしたちの世界がコミュニケーションからのみ成り立っているとするならば、コミュニケーションのための技術がわたしたちの社会の骨格をなしている、といえるだろう。コミュニケーション技術の革新によって、世界は古い時代から新しい時代へと移行するからである。

このとき、つぎの二つの点に注目してみたいと思う。一つは、メディアがコミュニケーションの前提となっていることに、もう一つは、この前提は、あらゆる時代に妥当するのではなく、歴史とともに変わっていくことに注目してみたい。

わたしたち人間は、世界について知ろうとし、そして語ろうとする。そのとき、わたしたちはすべてを、メディアの助けを借りて知ることができ、そして語ることができる。メディア論のこうした考えは、わたしたちの知のあらゆる分野を揺さぶり、またときには発展させてもきた。そうした動揺のなかから、言語や文献にかかわる学問は、ことばが成立するための条件を掘り起こすことにもなった。

学問の根本問題は言語だという時代に、言語学が成立した。しかしそれも過去のことになってしまった。文学にしてもコミュニケーションにしても、いずれもことばの媒介作業である。かつて意識という現象が占めていた地位を言語が覆したが、今度はそれを媒介が覆して、言語から媒介へと重点が移ろうとしている。つまりこれが、言語からメディアへの転回である。

かつてわたしたちは、人間がどのようにして世界を認めるのかを論じてきた。そしていまでは、人間がどのようにして世界について語るのかを論じるようになった。学問の流れをこのようにたどることができる。言語の問題がじつは媒介の問題であるとするならば、これを言語論からメディア論への転回と呼んでもよいだろう。

ではこのとき、わたしたち人間はどのようにして世界と向き合っているのだろうか。

コペルニクスは、天動説から地動説へと、わたしたちの視点を一八〇度転回した。すでにこのときに、認識の媒介としてのメディア問題が現れてきていた。これがのちにメディア論として現れることになるのだが、その前提には、コペルニクス的転回があり、言語論的転回があった。言語を認識の前提としてとらえるように、メディアを言語の前提としてとらえることができる。認識や言語を一つのメディアとして、メディア論へと引き戻すのである。

わたしたちは、光というメディアで見て、音というメディアで聞くように、言語というメディアでコミュニケートしている。メディアを通してのみ、わたしたちは他者に触れあい、世界を経験することができるからである。言語もメディアも、メッセージや内容を伝えるたんなる道具ではない。いずれも、伝える内容が決まったあとに、それを伝えるための道具ではない。むしろ、伝える内容が作られるときに、かならずそれに先行する、コミュニケーションの前提なのである。

ことばは、すでにあるものを名指すものでもなければ、あらたに発見されたものに名づけるものでもない。ことばとは、あるものに、それが現前するための場を与えるもの、つまり世界を与えるものなのである。だから、ことばにするとは、事象をあとからことばで表現したものではない。なにかが存在したり、存在しなかったりするのも、ことばの働きである。メディアは、メッセージを伝えるものではなく、むしろ、メッセージを作るものなのである。

たしかに、わたしたちはことばを手段として使っているように見える。しかしじつは、ことばによって人間は存在しているのではないだろうか。人間がことばに属している。それに気づくのは、ことばが媒介される場においてであろう。ことばがなければ、わたしたちの考えはすべて、その場を失ってしまうからである。そのさい、ことばは頭のなかで考えたことの表現でしかない、ということはない。人間という存在がそもそもありうるのは、ことばという場においてだからである。

ひとがとらえるものから、ひとをとらえているものへと視点を転回してみよう。この転回を自覚することができるだろうか。ことばは人間の存在の前提である。そうした言語観をさらに転回すれば、言語論はメディア論へと進んでいくことができる。

かつては、つぎのように考えられていた。人間の認識は普遍的であり、人間の言語も普遍的である。いつでも、どこでも、だれにでも妥当するものが真理である、と。だが実際には、いずれもどれほど偶然なものであろうか。広く見渡してみると、通常当然のことと思い込んでいることが、どんなに特殊な歴史的条件でのみ成立してきたのかがよく見えてくる。

当たり前のことだが、いずれの時代の言説も、その時代の言語ルールにとらわれている。それを超え出ることなどできない。そうした規則は言説の前提ともいえる。しかもそれは、時代ごとに変わっていくから、歴史的な前提といってもよい。そうした言説の寄せ集めが、学問という名の知の全体なのである。

知は、文書メディアの世界に生きている。いまでも、書物やコンピューターなどのメディアが、人間の文化を支えているといえる。時代のメディアこそが、歴史を決定する前提だからである。最近よくいわれるように、文学が時代に対応できなくなっているのであれば、文学に取って代わるものは何であろうか。この問いは、アーカイブの学問、文学という名の古文書学を、メディア論へと転回させることができるのかどうかにかかっているだろう。

書物は、文字というメディアが通用していた時代の産物である。しかし、新しい技術メディアが記録し保存した情報を分析することはできない。むしろ、二十一世紀のアーカイブは、メディア論によってのみ解読されうる。かつて、世界中の思想が言語に注目していた。そのような時代があったとすれば、これからは、メディアに注目していくのだろうが、これも、思想の必然的な流れなのである。

3 メッセージからマネージメントへ

メディアはメッセージである。だが、メディアの伝える内容がメッセージなのではない。メディアの技術がメッセージなのである。伝達された情報ではなく、伝達するメディア自身がメッセージなのである。

メディアは中立ではない。中立であれば、メディアの特質を知る必要などない。メディアは透明ではないからこそ、わたしたちは、メディアがどのように情報を伝達するのかを監視する。むしろ、メディアはマネージメントである。メディアの伝えるメッセージは、つねに、秩序づけ、制御して、管理する。音声であれ、文字であれ、映像であれ、メディアはみずからの論理で操作する。大げさにいえば、メディアは暴力であり、控えめにいっても、マネージメントだ。

メディアがマネージメントであれば、そこからどのような視界が開けてくるのだろうか。

光学メディアは、わたしたちの認識を変えてしまった。緑色のメガネをかければ、世界が緑色に見えるように、あらゆるものを自分の色に染めてしまう。このように、人間の認識といっても、それは、人間にとってそう見えるだけにすぎない。今日であれば、コンピューターで、脳の機能を説明するようなものである。

いつでもどこでもだれにでも、普遍的に妥当するものが真実であれば、真実というものはとらえられない。普遍的なものをとらえようとしても、思考の形式が前提となるからである。メディアは、思考といわず、あらゆる経験を可能にするフィルターのようなものである。経験に先だってメディアは前提されているが、それも歴史の所産なのである。

メディアは、歴史的に説明されることを拒む。歴史に先行するつもりでいるからだ。先行するとは、語ることの前提になる、ということである。言説に先行し、言説の前提となり、言説を可能にするのがメディアである。とすれば、メディアとは、歴史的な前提にほかならない。

たしかに、前提というものは歴史的には語られない。だが、前提は歴史的に作られたものである。たとえメディアが気づいていなくとも、そうなのである。メディアは、既成の枠組みにはとらわれないし、定められた領域にとどまることもない。そうかといって、いま流行の学際とかという複合領域でもない。むしろメディアは、時間と空間というような思想の組成を問うから、脱領域的なのである。では、既存の領域を犯すものとは何であろうか。たとえば、戦争がそうである。戦争は、テクノロジーの水準を飛躍的に高めるばかりではない。メディアに格好の分析対象をも与える。メディアが文学と軍事を媒介するからである。

また、法律もメディアの好むところだ。社会を維持する規範、社会の基礎となるべき法のテクストを分析するところで、メディアと言語が出会う。法律はマネージメントを通じてメディア論へと収れんする。

法のテクストは、時間と場所によって変わるものではなく、いつでもどこでもだれにでも普遍的に妥当するものであるはずだ。これが法のもつ権威である。文化の違いにもかかわらず、文化を超えて、たえず再生産される法は、ローカルな社会からグローバルな世界へと展開していく。法のテクストは、あいまいや誤解を退け、複雑な文章を単純にして、ただ一つの普遍へと向かっていく。解釈による揺らぎを正して、正しい答えを与えようとする。これが法の解釈学である。

ただし、テクスト解釈であれ、テクスト批判であれ、いずれもテクストに書かれなければならない。聖書というテクストは印刷技術によって広まったのだが、これもひとえに、聖書が唯一のメディアとされたからにほかならない。いってみれば、教会とは別のチャンネルを用意した、一つのメディア政策である。これによって人間と神を結ぶ通路がメディアとしての聖書に限定されたのである。

したがって、宗教改革とはメディア改革であったといってもよいだろう。目や耳に訴える教会のマルチメディアを批判し、神のことばを聖書という印刷メディアに限定するのも、聖書というテクストが神のメッセージを中立的に、つまり教会を経由しないで伝えることができるからである。人間は当時の最先端技術によって印刷されたテクストに、教会のメディアを経ないで、神のことばを読みとろうとしたのである。

だが、メディアがメディアであることを隠そうとするのは、メディアがメディアではなく、現実なのだという錯覚を生じさせるためである。このような錯覚を効果的に引き起こすために、すべてのメディアはメディアであることを隠して、先行するメディアを乗り越えようとする。

しかし、メディアの超克には終わりがない。メディアは乗り越え、乗り越えられるからである。メディアの超克は、テクノロジーの発展でもなければ、歴史の進歩でもない。そうではなくて、メディアの超克とは「リサイクル」なのである。

リサイクルとは反復である。技術とメディアが発展して、社会のあり方が変わったとしても、たびたび引用される同じことばの繰り返しである。メディアは、先行するメディアを乗り越えることによって、みずからを透明にし中立を装う。

そうであれば、メディアを超克するとは、メディアの枠組みの外に出ること、マネージメントから自由になることである。この試みは、メディアによって管理されない空間を生みだすはずである。メディアは、世界を反復しながら、世界を超え出ようとするのである。

逆に、わたしたちが普遍的な規則に従うとき、わたしたちは世界のなかにとどまることになる。法律であればルールに従うことを求め、言語であればコミュニケーションを図ろうとする。それによって、誤解や対立など、社会のなかのあらゆる差異を消し去ろうとする。いずれも社会のなかでの合意を形成するためである。

法律をよく守るのも、言語を正しく使うのも、社会のなかで合意を形成するためである。これは、理性がコントロールする世界のなかへと帰属することである。理性の要求を掲げるとき、わたしたちは、合意を形成するためのコミュニケーションを想定している。だが、コミュニケーションのほうは、ことばのもつ暴力には気づいてはいない。言語の構築主義は、了解へ向けられた欲求に無邪気なままだ。無意識のうちに押さえつけようとする、ことばのもつ抑圧に気づかないとき、メディア論は批判理論をねらい撃つ。

4　ヒューマニズムからポスト・モダニズムへ

ポスト・モダニズムに読み替えられるメディア論は、人間の認識や言語を中心に据えた近代的な枠組みを批判し、コミュニケーションを図って合意を形成しようとする公共的な言説を否定する。理性が啓蒙の伝統と結びつくときにファシズムが生まれるのだと、戦後のヒューマニズムを担ってきた批判的知識人を攻撃する。

メディア論は、人文主義の伝統を否定し、人間中心主義的なヒューマニズムを批判し、その担い手である批判的知識人を挑発する。ギュンター・グラスのように、ノーベル賞を受賞するほどの批判的知識人も、もとをたどればナチスの親衛隊員だったのだ、と。

批判的知識人たちは、戦争という暗い過去を記憶して克服することを出発点にして、戦後の文化をリードしてきた。一九六〇年代の学生運動は、旧世代に対する戦後世代の反発であった。これを機会に、政治文化は一気に左旋回し、左派の政権が出現した。思想界においては批判理論が主導権を握ることになった。

しかし一九八〇年代には、ポスト・モダニズムが急速に浸透して拡大してきた。左右の対立にこだわる批判的知識人は、もはや時代遅れとなった。ベルリンの壁が崩壊し、東西ドイツが統一したのち、戦後の知的状況は一変する。

批判的知識人は、ナチス問題にこだわりつづけ、東西統一に慎重な態度をとった。それに比べ、新保守主義的なポスト・モダニズムは、ドイツが「普通の国」に回帰することを説く。再統一を機に、新しい世代の知識人が登場する。もはや、国家や国民について語ることはタブーではない。ポスト・

モダニズムは、脱構築主義の立場から、啓蒙的な批判的知識人を、西洋的な近代精神の権化とみなす。そこから、ポスト・モダニズムは、脱構築というキーワードを使って、西洋的な精神史、人文主義という人間中心主義の伝統を解体しようとする。人文主義（ヒューマニズム）とは、書物（エクリチュール）を媒体（メディア）にした遠隔情報伝達（テレコミュニケーション）であった、と。

人文主義は、印刷技術の普及によって、書物の読者を増やしてきた。そればかりか、みずからの読者を勧誘してきた。書物は、たんに知識を与えるのではなく、わたしたちを学問という知識のシステムへと誘い込むのである。書物という誘いのテクストは書き継がれて、わたしたちを囲い込んできた。たとえば、ギリシア・ローマのテクストが、繰り返し読み継がれて、ヨーロッパ文化の源となったようにである。

そこには、読み間違いがあったかもしれないし、写し間違いもあったかもしれない。コピー・ミスと誤読の可能性を含みながら、テクストは書き継がれていった。こうして、西洋的なヒューマニズムの歴史が形成されてきた。人間性を獲得しようとするならば、わたしたちは伝承されてきたテクストを学ばなければならない。人文主義とは、そうした産物なのである。これが、教養と教育の基本理念になってきたのである。

ポスト・モダニズムは、逆に、人間性を解体する方向をめざす。それは、人間を家畜と見る視点である。人文主義による人間形成は飼育とみなされる。それも、人間を家畜として飼い慣らすための飼育である。書物とは、人間を家畜とするための道具、飼育のためのメディアにほかならない。では、家畜へと飼育されることを克服することはできるのだろうか。それは、みずからが飼育する立場に立つことである。

人間が自己のあり方を操作することも、人間の技術である。わたしたちは今日、遺伝子を操作する技術を獲得した。人間の技術はＤＮＡを解読して遺伝子を操作することができる。将来、人間の技術は、コンピューターであらゆる情報を操作し表現するだろう。そのような非人間的で数学的なシステムは、古典的な人文主義の意味をも変えてしまう。そのときわたしたちは、ヒューマニズムとはじつは人間への暴力であったのだと気づくのである。

わたしたち人間は、遺伝子を操作する技術によって人間自身を創造しうる力を獲得した。これによって人間は自分のあり方を選び取ることができる。遺伝子のコードを解析すれば、人間を意のままに操れる。これは人類史上の画期的な出来事である。

そもそも、西洋文化を支えてきた人文主義そのものが、人間による人間に対する暴力的な飼育であった。人文主義の世界は、人間がみずからの暴力によって人間を飼育する、動物園ならぬ、いわば「人間園」（ヒューマン・パーク）であった。その意味で、遺伝子の操作は人文主義の完成である。

現在では、遺伝子の解析が可能となった。そうであれば、人間飼育のためのメディアであるテクストも不要であり、テクスト解釈者である知識人も不要である。遺伝子を解読する技術の獲得は、テクストに媒介された学問の終わりを意味する。

だが、テクストは残されている。書物は読むことができる。テクストの運命は、古文書館（アーカイブ）に収まることだ。書物はもはや人間形成のためには不要であり、古文書館に入るばかりである。むしろ人間園では、書物ではなく遺伝子に書き込まれたコードがテクストとなる。

クローン技術の開発をめぐって、生命倫理の問題がとり上げられるようになったが、クローン技術によって、自分の思い通りの遺伝子をもった分身を再生できるのであれば、後天的な操作などまったく必要がない。教育を受けたり、教養を身につけたりする必要もなく、学校や塾も不要になる。批判的知識人は、ここに人文主義の危機を感じ、ポスト・モダニズムを優生学的な思想として批判する。このとき、自由な議論を戦わせる、リベラルなはずの批判理論が他者の言説を抑圧する側に回る。もとを正せば、ポスト・モダニズムの人文主義批判が、クローン技術をめぐる生命倫理へと持ち込まれたのだが、人間園の主張が優生学的な思想として曲解され批判されたのである。そして、論争はポスト・モダニズムと批判理論の争いとなる。

ポスト・モダニズムと批判理論の争いは、もともとは、遺伝子操作の問題であった。この問題に対してどのようなスタンスを取るのか。論争で争点になったのはこの点であったが、論争はポスト・モダニズム対批判理論の主導権争いにいたる。

批判的知識人は、人文主義的教養を擁護する側に回ったために、道徳的な保守派となった。これによって批判理論そのものが批判されて解体し、そこからポスト・モダン状況が生まれてきた。ここには、リベラルなはずの左派が右派を批判しながら陰で支えるという図式も見え隠れする。

では、ここから、どのような展望が開けてくるのだろうか。

5　批判理論からメディア論へ

現代の社会はひたすら速さを求める時代へと向かっている。問題は伝達の速度であり、技術メディアの急速な進歩に対して伝統的な批判的思考は無力である、ということだ。ことばを手がかりに文化を探求する方法がメディアの発達史へと転回したように、言語論はメディア論へと、人間中心主義の世界像は複雑な現代科学の知識へと転向する。

批判理論からの離脱は、ポスト・モダンの先駆的な受容である。図式的に示せば、否定弁証法からディスクール分析へということになる。一九九〇年代に、批判理論からメディア論への転換が登場し、現代メディア論が注目されるようになった。活字メディアに由来する人文主義の伝統から距離をとることになったのである。

だが、メディア論といっても、統一的な意味合いなどはない。表面的には、マス・メディアの意味で、社会に大量かつ画一的に流される情報の意味で理解されることもあるが、それもよくよく考えてみれば、新しいテクノロジーに伴う人間の側に生じた認識の変化を意味しているにすぎない。古くは、写真・電話・蓄音機・映画といったメディアが開発されたさいに、新たなテクノロジーが既存のメディアに持ち込まれてきたようにである。

このことを、演劇を例にして考えてみよう。

演劇はそもそも、社会批判のメディアであった。演劇は思想を形成するための道具であり、劇場は記憶を埋め込むための教育施設であった。複製技術によって支えられた現代を迎えると、演劇は、作者やテクストを対象とする文学から独立して、メディア論として再登場してくる。

演劇は、作者の意図と完成された作品を忠実に再現することから出発していた。しかしながら、一方では、パフォーマンスと呼ばれるような、芸術の実践行為や上演の形態に注目が集まりだした。他方では、文学作品の朗読に終始して、テクストの優位を主張する立場も現れてきた。新しい技術メディアを背景に、演劇メディアは、テクストとパフォーマンスの両極端を揺れ動く。

行為の視点から演劇を記述すると、演劇はテクストを無視したパフォーマンスになりかねない。では逆に、パフォーマンスのないテクスト劇はありうるのか、という疑問もわいてくる。そうであれば、テクストかパフォーマンスかといった対立的な図式を超えたところにある、メディア時代の演劇とは何だろうか。

演劇を成り立たせる構造を探っていき、演劇を今日的視点から読み替えてみよう。演劇を解体するのではなく、メディアへと変えていくのであり、そこから見えてくる演劇のメディア性を考察してみるのである。

演劇は、メディア時代を生きる人間の姿を作品化する。わたしたちの日常生活が、画面上に生起する出来事となって現れてくる。毎日、テレビを数時間も見たあげく、見ていることも忘れ、ただひたすらテレビを見ることに人生を費やす、ありのままの姿が映し出される。何もかもが画面上に生起する。これが、わたしたちの姿なのである。

画面をのぞいてみても、ネット上の交信はモノローグと化し、メールもツイッターも孤独な人間の内面を描きだす。双方向の発信といっても、じつは、交わりのない独り言にすぎない。コンピューターの影響もあって、電子メディアによる言語表現の反復に終始するばかりだ。

言語によって文化を継承しようとしても、メディアの言説を分析してみれば、自己顕示的でモノローグな性格ばかりが目立ってきてしまう。言語によるコミュニケーションなどといっても、それは、想像力が作り出した理想であり、フィクションでしかない。かといって、テクストという活字メディアの伝統に故郷を探し求めても、書物はもはや精神的な故郷にはなりえない。むしろ、巨大なデータベースであり、記憶のアーカイブにすぎない。

活字メディアに固執しても、電子メディアを批判しても、わたしたちの文化がいかにメディアに支配されているか、少しばかり考えてみただけでよくわかる。文化にしても産業にしても、メディアが与えた影響は計り知れない。たとえば、ミュージック・テレビジョンやＤＶＤを思い起こしてみよう。昨今であれば、ミュージック・ストアにｉＰｈｏｎｅだろうが、メディア環境が変われば、歴史的に培われてきた伝統や文化はいともたやすく解体される。そして、わたしたちは何も知らない状況に追い込まれる。

モノローグと化したメディア環境のなかでは、わたしたちは、メディアに媒介された発言をうのみにするしかない。それは、たんなる受容者の態度であり、文化の消費者である。だが、これを単純に保守的だと切り捨てることはできない。

それというのも、インターネットという形式自体は新しいものだが、だからといってわたしたちの世界が変わったわけではないからだ。わたしたちの世界観は何も変わっていない。むしろ、情報の量が増えただけで、くだらない情報を集めたり、広めたりするのに役立っているにすぎない。そういう意味では、今日のメディアは、一面的に肯定できるものでも否定できるものでもない。

技術メディアの転回は、近代の科学的な思考を、現代の新たなテクノロジーへと転換した。現代社会のなかでは、情報だけが地球規模に広がり、グローバル化した。いたるところにネットが張り巡らされた結果、コピー商品のように、そっくりな文化がどこにでもあり、クローン人間のように、どこにでもいるような人間がつくりだされた。

そうであれば、テクノロジーを一面的に称賛するのではなく、メディアそのものの転覆をはかるようなラジカルな考察も必要となってくるだろう。メディアへの批判とテクノロジーをめぐる考察とは同義である。メディア論は、現代のポスト・モダニズムという時代を生きる人間の姿を映し出しながら、わたしたちに自分自身の言動や考えをふかく顧みるように促していく。

おわりに

メディア論のもつ特徴は、新しい学説として位置づけられることではなく、むしろ、従来の学問と接続してみたり、新たな視点から既成の知の枠組みを改組し直してみたりすることにあった。たとえば、メディア論がポスト・モダニズムと重なりあうならば、現代思想の潮流をメディア環境からとらえなおすことができる。メディア論は、電子メディアやコンピューターのデジタル科学を構築することで、活字メディアに依存する先行世代を批判した。メディア環境から読み直された技術論は、近年のテクノロジーがもたらした現象と重なってくる。

現代は、複製によってオリジナルの価値が下落するコピー時代である。最新のテクノロジーによって、かぎりなく複製をつづけていくと、コピーという感覚も失われる。オリジナルとコピーの違いさえ失われてしまう、リサイクルの時代である。リサイクル社会では、技術や情報の過剰によって、現実から重みが奪い去られる。表面には、ヴァーチャル・リアリティーが浮遊し、現実はこの背後に消滅する。クローン、サイボーグなどは、こうしたポスト・モダンの社会状況のひとつである。

新しいテクノロジーが社会構造を変容させるなか、技術メディアの発達によって、人間はリアルな感覚をしだいに失っていく。そして、ディスプレー上の画像だけが、現代人のうつろな心を描きだす。ここから、テクノロジーの考察にとどまらず、メディア産業が生みだす情報を批判することもできる。また、情報社会の構造を分析し、メディア社会としてとらえ直すこともできる。だが、単純にメディアから距離をとることはできない。

では、ネットワーク化された情報社会のなかで、メディア論を新たな知としてとらえ直すことはできるだろうか。

一元化できない、複雑に分化した社会システムは、伝統的な理性ではもはや説明できない。むしろ、科学の最新の成果を導入することで、新たなパラダイムへと転換する必要があるだろう。従来の知を脱構築しながら、近代という枠組みから脱却を図るのである。

社会を一方的に批判することも空を切るだけで、単純なモラルを主張することもむなしく失敗に終わってしまう。限られた知識人だけが紙上で発言できるような状況はもはや過去のものとなり、ネット上であればだれもが匿名でどのような発言もできるような状況が生まれてきた。

情勢の移り変わりは、古文書館のなかでほこりをかぶっている活字メディアから、掲示板での落書きのような電子メディアへの転回である。このような見通しがよくても悪くても、現状に対応するには、言語を媒介として考察される人間中心的な視点から、メディア論的思考へのパラダイムシフトが必要となってくる。

参考文献

フリードリヒ・キットラー『グラモフォン・フィルム・タイプライター』石光泰夫・石光輝子訳、ちくま学芸文庫、二〇〇六年。

ボート・シュトラウス『始まりの喪失――点と線に関する省察』青木隆嘉訳、法政大学出版局、一九九六年。

マンフレート・シュナイダー『時空のゲヴァルト――宗教改革からプロスポーツまでをメディアから読む』高木葉子・原克・前田良三訳、三元社、二〇〇一年。

ペーター・スローターダイク『「人間園」の規則――ハイデッガーの『ヒューマニズム書簡』に対する返書』仲正昌樹訳、御茶の水書房、二〇〇〇年。

ノルベルト・ボルツ『グーテンベルク銀河系の終焉――新しいコミュニケーションのすがた』識名章喜・足立典子訳、法政大学出版局、一九九九年。

マーシャル・マクルーハン、エドマンド・カーペンター『マクルーハン理論――電子メディアの可能性』大前正臣・後藤和彦訳、平凡社ライブラリー、二〇〇三年。

ニクラス・ルーマン『マスメディアのリアリティ』林香里訳、木鐸社、二〇〇五年。

吉見俊哉『メディア文化論——メディアを学ぶ人のための十五話』有斐閣アルマ、二〇〇四年。

寄川条路編『メディア論——現代ドイツにおける知のパラダイム・シフト』御茶の水書房、二〇〇七年。

第4章　インターカルチャーと異文化の哲学

はじめに

複数の文化が平和的に共存する社会を創造するためには、そしてそのような社会を身近なところでリアルに経験するためには、わたしたちはどのような切り口から問題の核心に迫っていくべきなのだろうか。

本章は、こうした問題設定に対して、思想・宗教・芸術という視点からインターカルチャー論に切り込んでいく。これまでにも、狭い意味での哲学にこだわらずに、また、西洋の思想にもかぎらずに、ひろく思想・宗教・芸術などをテーマにした学際的な考察が行われてきた。だがここでは、インターカルチャー論ということで、地理的な区分も歴史的な区分もいっさい取り払って、学問領野の区分をも超えたところで問題解決の方法を探ってみたい。問題提起とそれへの応答を、みずからの問題として引き受けて、それに対して自分はどのように対応すべきなのかと、じっくり考え直してみたいと思う。本章が読者にもそのような機会を提供することができれば本望なのだが、いかがなものであろうか。

インターカルチャー論をメインテーマに据えた本章では、哲学思想のもつ現代的な意義を掘り起こすような、そして今日でも通用しうるアクチュアルな可能性を求める考察が、以下の節においていくつもなされる。研究の多くは、西洋哲学の外にあえて出たところから、あらためて思想文化のもつポテンシャルを測ろうとするものであり、たとえば、弁証法という観念論的な概念を批判しながら西洋哲学との対決を試みるものであったり、否定神学へのかかわり方から現代思想を比較したものであったりする。各節では、まずは、異文化を理解するとはどういうことなのか、という原理的な問題を設定したうえで、具体的な問題へと入っていきたい。

1　インターカルチャーと異文化の哲学

一日の仕事は、メールのチェックで始まる。スマホであれパソコンであれ、メールが届いていないかと、何度も画面をのぞき込む。メールが届いていると、すぐに返事を出す。だが、相手から返事が来ないと心配になってくる。忙しいのだろうか、あるいは、無視しているのだろうか、と。

いつでもどこでも、だれかとつながっていたいと思いながら、でも、つながったままなのもめんどうだ。いっしょにいたいと願いながらも、近づきすぎるのもよくないと思っている。うすうす感じている、この気持ちは何なのだろう。何度も着信を気にしながらも、でもこれ以上の返事は来ないようにと交信をやめてしまう。こうして相手とのスイッチを切る。このとき、わたしたちは他者にどのように向き合っているのだろうか。

スマホという道具は、もはや携帯電話というような通話のための機械ではない。たがいにことばを交わすのではなく、文字や画像を一方的に送りつけるメッセンジャーにすぎない。会って話すほどのことはないから、口で話したり手で書いたりする代わりに、指で触れて用件だけを送りつける。便利な道具を使うことによって、さっさと用事を片付けてしまう。こんな具合に人と接することによって、わたしたちの生活もずいぶん変わってきた。

たしかに、道具をうまく使いこなすことで、わたしたちの生活は快適になった。だれもが使いこなせるように、道具の操作も簡単になった。そのうちに操作も要らなくなるだろうか。どれほど操作が単純なものになろうとも、それを支える仕組みのほうは複雑だ。だから、道具がいったん壊れてしまうと大変なことになる。自分で直すことはできないから、手っ取り早く買い替えてしまおう。壊れたものを修理するのは、手間もかかるし面倒だから。

気に入ったものは大事に使いたい。でも、新製品が出ると、すぐに飛びついてしまう。スマホであれば一年ももたないだろう。パソコンであってもクルマであっても、同じようなものだ。では、人間や人間が作り出した文化はどうだろうか。そんなものを買い替えることはできないと思うのは早計だ。すでに取り替えることができるようになっているかもしれない。

取り替えることができるのも、部品が共有されているからにほかならない。ほんのちょっと入れ替えるだけで、まったく同じものができあがってしまう。小さな部品から中くらいの機器まで、そして大きな機材まで、すべてに当てはまる共通のパーツがあれば、それに見合った商品を作り出すことなどたやすいことだ。定まったコースに流し込めば、ぴたりと収まるようになっている。

ゲームのソフトからマクロな世界経済まで、あらゆるものがグローバルな規準でもって作り出される。工業製品のように生産され、流通して消費され、そして廃棄される。こうして、いつのまにか既製品のようなインスタント商品が世界中にあふれてくる。これが、グローバリゼーションが生みだした世界の姿なのだろうか。

スタンダードな規準でもって作り上げられた世界にも、根っこのところには、技術についての深い理解があった。そのような理解を掘り起こしてみると、テクノロジーの世界支配からも脱出することができるだろうか。そう簡単にはいかないだろうが、物欲にとりつかれた現代社会では、一人ひとりが私物を放棄するよりは、はるかに簡単なことではあるだろう。

ひょっとすると、便利さにどっぷり漬かっている生活の場でこそ、ローカルなものを発見することができるのかもしれない。その可能性を、インターカルチャー論によってグローバリゼーションの流れのなかに据えること、これが本章のまず差し当たっての出発点である。最先端をひた走る文明の機器と、それを使いこなそうとする日常の生活とが交差する場面で、異文化の哲学はどのような視点を提供してくれるだろうか。

2　テクノロジーとグローバリゼーション

わたしたちは快適に暮らすことを夢見て、便利なものをひたすら追い求めてきた。生まれてから死ぬまでどっぷりと技術の恩恵に浴しながら、生活の場のすみずみにいたるまで快適さを確保しようとする。

人間は技術（テクニック）を駆使して生きる動物なのだから、生まれながらにして技術的に生きてきたことになる。人間の歴史とは科学技術（テクノロジー）の歴史であるといってもよい。技術についての考察は古代のギリシアにもあったが、しかし、技術について本格的に論じられるのは近代以降のことである。技術についての科学は、西洋でもすぐに受け入れられたわけではない。学問としての科学技術が確立したのは、ようやく十九世紀になってのことだから、二十世紀のヨーロッパでもテクノロジーは奇異なものであった。地球上をグローバリゼーションの波でおおう技術と、発生からいままでその王座を奪われたことのない科学とが出会ったとき、そのときに技術の科学が生まれたといえる。

西洋では伝統的な学問がすでに確立していたから、かえって逆に、新しく生まれた科学技術を受け入れることはむずかしかった。それに比べれば、後進国であった日本のほうが、新しいものは何でも取り入れようとしていたから、科学技術をすんなりと受け入れることができた。今日の日本における科学技術の進歩と、ヨーロッパにおけるそれとを対比すれば、皮肉な結果ともいえる。しかしテクノロジーの進展も、東洋と西洋というような地理的な比較ではなく、また、ローカルな日本文化の特徴というよりも、グローバルな世界史の流れのなかで理解されるべきことである。

いつであれどこであれ、あらゆる技術を駆使する社会は、わたしたちの生活を安全に保ってくれる。いたるところにビデオカメラが設置されていて、侵入者のみならず、すべての生活者が例外なく監視されている。よくいえば見守られているのだが、わるくいえば見張られているのだろう。日常の生活において、学校や会社において、そして社会のすみずみにおいて、人間の行動を観察する装置ができあがっている。それは、犯罪を起こさせないようにして、模範的な人間へと飼育する装置であるにちがいない。平和で安全な生活を保障することが、息の詰まるものとなってくるのもそのためである。そこでは、たがいに他人を監視しあう安全システムが構築されていて、ひそかでプライベートな領域もいつのまにかなくなってしまう。技術によって生活はたしかに豊かにはなったのだが、でもわたしたちは、なんとなく息苦しくなってきたことにも気づいている。

グローバリゼーションは、地球規模での標準化を推し進め、一見したところ複数でありながらも、じつは単一なだけの世界を築いてきた。それは、現代という時代がどのような時代であれ、そして、日本という国がどのような国であれ、つねに拡散していく複数の世界をテクノロジーによって一つの世界へと収れんしようとする。だが、科学技術によってあらゆるものを標準化するにもかかわらず、そのつどローカルな文化のもつ差異があらわになってくる。異文化の理解がたがいに誤解や偏見に陥るのもそのためである。

テクノロジーの発達した今日、わたしたちはグローバルな空間のなかにいると同時に、どこまでもローカルな空間のただなかにとどまっている。だが、緊張をはらんだこの空間は、いったいどこへ進んでいくのだろうか。これまでにも未来にかんするさまざまな予見はあった。楽観的なものもあれば悲観的なものもあったが、いずれであれ、従来の学問はみずからの予見が無力であったことを告げてきたのではないだろうか。

学問が結局のところローカルな知にすぎないことは、ポスト・モダニズムを持ちだすまでもなく、カルチュラル・スタディーズやポストコロニアリズムがすでに論じたことである。だがこれらのいずれも、しょせんは体系的なまとまりをもたない地域研究にすぎなかった。

カルチュラル・スタディーズも、文字通りに解せば文化の研究なのだろうが、雑多な文化のたんなる寄せ集めであれば、多様な学問領域のあいだを右往左往するだけの地域研究にすぎない。だが、ローカルなものであれグローバルなものであれ、人間の生活が一つの文化を形成しているのは、どのような生活スタイルであっても、わたしたちがさまざまな道具と技術を用いて生きているからにほかならない。

ポストコロニアリズムが植民地や帝国主義を取り扱うにしても、これも一つのまとまった運動とはなりえなかった。たとえば、ヨーロッパではアジアやアフリカはどのように理解されてきたのだろうか、という問いを一つ取ってみても、この問いは、たしかに、植民地文化を再評価するだけではなく、西洋中心主義の文化を問い直すことにもなった。しかし、こうした問いかけが今日の日本においてなおも有効であるならば、批判の向かう矛先は、当然のことながら、欧米との関係にではなく、アジアとの関係にまっ先に向かわなければならなかったであろう。

3　ディアスポラとアイデンティティー

今日では、迫害によって母国を追い出され、外国に住むことを強いられた人を「ディアスポラ」ということばで呼んでいる。ディアスポラということばは、もともとはギリシア語で「離れ離れになったもの」という意味だったが、とくにそのなかでもパレスチナから離散したユダヤ人のことを指していた。その後は、奴隷としてアメリカ大陸に連れてこられた黒人や、政治経済上の理由から外国で暮らすことを余儀なくされている華僑にも用いられるようになった。そして現在でも、けっして終わることのない地域紛争と、地球規模で進行しているグローバリゼーションが、資本の流れとともに、いまだにディアスポラを生みだしている。

離散した家族や拉致された被害者がたがいの体験を語り合うところでは、複数の言語や文化はたえず生きつづけている。そのような場では、異文化の理解といっても、異文化間のコミュニケーションといっても、それは、確立した二つのもののあいだで取り交わされる技術的な操作ではありえない。むしろ、異質な他者との衝突のなかから一つのものをあらたに作り出さなければ生きてはいけない、必要に迫られたダイナミズムである。

多数派の言語からこぼれ落ちてくるディアスポラのことばは、母語や国語といった固定された言語でもなければ、国際語といった正体不明の言語でもない。そうではなく、ディアスポラのことばは、複数の母語や国語がせめぎあう、文字通り国際的な言語の場に踏みとどまりながら、あるいは、母語や国語という支配的な言語の内部で耐え忍びながら、新たな言語を生みだし独自の文化を築いていくものである。母語や国語といった言語の植民地主義や、国際語としての英語といった言語の帝国主義を、内側から脱落させる言語のダイナミズムこそが、言語のディアスポラなのである。

グローバリゼーションの進行とともに、母国を離れて外国で生きることも、母国で外国人と接触することも、日常のことになってきた。故郷に安住しているつもりでも、わたしたちはいつのまにか複数の言語に取り囲まれて生きている。たとえ日本のなかであっても、知らないことばに接したときには、自己のアイデンティティーが不安にさらされ、自己の居場所を探し求めるだろう。だがそのときに、他者に応えることばを見いだそうとして、わたしたちは、みずからの文化を他者に開かれたものとして提示することができるのだろうか。

グローバリゼーションの波が伝統的な思考様式や社会構造を押しつぶそうとするとき、わたしたちは、固有の文化のうちにアイデンティティーのよりどころを求めようとするかもしれない。あるいは、みずからの母語や国語のうちに逃げ込もうとするかもしれない。しかし、それによってわたしたちは、完結した体系としての固有な文化のうちにみずからを閉ざしてしまい、母語や国語といった虚構の言語のうちに引きこもってしまう。こうして、実際にことばが話されるのとはまったく違ったところで、統一体としての言語ができあがってしまう。それは一つの作りものでしかないのだが、そこにアイデンティティーの根拠を求めることは、ありもしない共同幻想のなかに自己を閉じ込めることになる。自分らしさを求めているつもりでも、そのことがかえって、自分自身を硬直させることになり、そして、他者とのあいだの溝を深めることにもなる。「美しい国」とか「愛国心」とはいわないまでも、これは、異質な他者への敵意をあおるアイデンティティー・ポリティックスにほかならない。

それでは、声だかに多文化主義を唱えればよいのであろうか。いや、そうではないだろう。固有な文化を前提にしていれば、複数の文化を認めるにしても、おのおのの文化を固定させるだけで、その内部にある微妙な差異を見落としてしまうだけだ。そうではなくて、逆の方向をめざしたいと思う。すなわち、自分らしさのうちに自己のアイデンティティーを閉じ込めるのではなく、自然に身につけたと思い込んでいる母語や母国についての観念をいったん解体してみるのだ。

ことばや文化は共同体のなかに閉じ込められるものではない。それはむしろ、他者に出会い、それに応えることによって、たえずあらたに自己を形成しながら、こうしてつねに他者への通路を切り開いていくものなのである。ことばを発したり、文字を書いたりすることは、それ自体のうちにすでに、なんとかして他者へ応答したいという姿勢が現れている。それはまた、母語や国語のうちに自分を閉じこめるのではなく、異質なものへと自分を開いていくことによって、自己をより大きなものとなすことである。

他者とともに生きるとは、いくつものことばや文化がせめぎあう場で生きることである。言語のディアスポラのなかから特異なものとして織りなされてくるインターカルチャーとは、異質なものを排除して固有のアイデンティティーに閉じこもることではない。言語のダイナミズムが生みだすインターカルチャーは、従来の文化が引いてきた国境線を軽々と乗り越えていく。そこからさらに、アイデンティティー・ポリティックスが固定しようとする分割線をもそのつど消し去りながら、引き離されたものたちをふたたび引き合わせようとする。

4 ディシプリンとインター・ディシプリン

自分を他者に引き合わせようとしても、逆に他者を自分に引き寄せようとしても、あるいは、母語を外国語に翻訳しようとしても、逆に外国語を母語に翻訳しようとしても、同じように苦労するのは、二つのあいだに大きな隔たりがあるからだろう。ほんのわずかな違いのように見えても、社会のなかでは大きなズレとなり、それはまた文化の亀裂となって現れてくる。たとえばそれは、技術が発展するにともなって、進歩しつづける科学と遅れを取った文化との摩擦ともなる。

たんなる立場の違いからも、あつれきが生まれることもあるが、文系人間と理系人間とのあいだでは、共通の言語をもたないために、そもそもことばが通じなかったり、たがいに理解しあうことができなかったりする。極めつきは、日本語でしか語れない文系人間と、英語でしか語れない理系人間の出現である。

学問のなかでも対話ができないのであるから、科学とその外とでは対話が成り立つはずはなく、誤解の責任をたがいに押しつけ合うことになる。これではまるで、まったく異なった「二つの文化」の争いである。科学であることを誇りにしている自然科学と、科学であることをかたくなに認めたがらない人文学との争いであり、たえず新発見を探し求めてあくせくしている自然科学者と、古き良きものを大切にしたがる人文学者とのあいだにある、たがいの無理解である。

両者のあいだには、誤解をはるかに超えた敵意と嫌悪が、根深いところで残っている。たがいに衝突を回避する方法は分かっている。対立を解決する方法もあることはある。唯一可能な方法は、文系人間が数学や理科の知識をもつことであり、逆に、理系人間が人文的教養を身につけることである。しかしこれは実現不可能な注文だろう。だから両者の隔たりはもっと大きくなる。学問という知の世界では、いぜんとして文系と理系に大きく二つに分かれたままである。実際のところ、学問が高度になればなるほど、文系でも理系でも、それぞれ専門化と細分化が進んでいくのであるから、文系と理系を融合するという壮大なプロジェクトもかけ声だけで終わってしまう。

それでも、今日まで、いくつもの学問領域を横断する学際的な活動の必要性だけは、さまざまな場面で繰り返し唱えられてきた。それというのも、専門化して細分化してしまった学問ではとらえきれない問題が浮かび上がってきたからだが、その代表的な問題がグローバルな地球規模での問題である。たとえば、地球温暖化・公害・人口問題・エネルギー問題であり、これに脳死や臓器移植の問題を加えてもよい。細分化された個別科学ではこれらの問題に応えることはできないとされているから、文系と理系にまたがる学際的な総合科学が求められるようになったのである。たしかに、学際的な総合科学を提唱する背景には、学問の個別化と専門化についての深い反省があったにちがいない。専門化のプロセスも学問の歴史と制度とともに進行してきたのであるから、ここで、学問の歴史を少しだけ振り返っておいてもよいであろう。

西洋の近代において、学問は体系化されて完成したかに見えたのだが、十九世紀に誕生した二つの学問、すなわち心理学と社会学がそこから独立し、二十世紀には伝統的な学問であった哲学を王座から け落とすことになった。学問の名称でいえば、心理学と社会学という新参者だが花形の学問が、哲学という廃れゆく第一学問から分離独立したのであり、学問の組織でいえば、心理学と社会学が文学部から独立して、それと引き替えに文学部が解体してしまったことである。歴史的な視点からこの流れを眺めてみると、思弁的な哲学のなかから、実験系の科学が解放されたことを意味している。そしてなによりもこれは、他者を介して自己の実現を求める実用主義が、もっぱら自己の修養をめざしてきた教養主義に対して勝利を収めたのだという、記念すべき転換点なのである。

文系と理系の融合をめざすならば、こうした分岐点でこそ、インターカルチャーの発想が解決の糸口を与えることができるだろうか。しかし、文系であれ理系であれ、みずからの専門分野にこだわるかぎり、総合の試みが困難を極めるのは予想がつく。情報テクノロジーの進展によってインターネットが明るい将来を切り開いてくれるだろうと、そう簡単に予測することはできない。たしかに、パソコンやスマホさえあれば必要な情報を集めたり、専門的な知識をコピーしたりすることもできるようになった。グーグルやウィキペディアを使えば、エンサイクロペディアをひもとくこともなく多くの情報を収集することはできる。だがこれによって、メディア社会が人類の将来を保証してくれたわけではない。

切り裂かれた文化は、文化の亀裂を乗り越えて、文化の総合を成し遂げることができるであろうか。総合科学もしょせんは人文的な教養主義にすぎないのだろうか。文系と理系を融合するといっても、たんにかけ声だけで終わってしまうか、かりに両者の融合が実現したとしても、実際のところは、文系が理系化するだけか、理系が文系を飲み込んでいくだけのことだろう。さまざまな試みを積み重ねて、二つに分裂した文化をふたたび一つに統合することも夢ではないだろうが、そのためには少なくとも、学問のうえでも確固たる方法論でもって、論理的にもその可能性を提示すべきではないだろうか。二つに分裂した文化がふたたび一つに統合するのかどうかも、グローバルなものとローカルなもののとのあいだに不断の衝突が存在するのかどうかも、根っこのところまで掘り進んでみて、じっくりと検討しておく必要があるだろう。

5 文明の衝突から異文化の理解へ

世界的なベストセラーとなったサミュエル・ハンチントンの『文明の衝突』(一九九六年)をいまあらためて読み返すと、世界各地で起きている複雑な紛争の原因も理解しやすくなるだろう。冷戦後に世界の各地でいまなお起きている紛争は、かつての世界大戦とも国家同士の戦争ともまったく異なる様相をしている。二つの民族のあいだでのたんなる内戦とも違って、宗教と文化が複雑に絡み合った、国家を超えたインターナショナルな戦争だからである。文明の衝突は、理論としても、国家間の戦争とは別の戦争の始まりを告げるものであったし、そうした時代の到来をうまく表現していたのである。文明の衝突という理論は、一言でいうならば、国家を超えた文明の対立であって、これからは国家の違いよりも文明の違いが重要になるというものだった。

ハンチントンが『文明の衝突』を発表したのは、もとは一九九三年のことだが、二〇〇一年の九・一一以降、世界は、冷戦時代の二極体制から脱却して、湾岸戦争時の一極体制を経て、現在では一極・多極時代を形成しているのだという。一極とは唯一の超大国となったアメリカのことであるが、ついで、ヨーロッパの独仏、ユーラシアのロシア、アジアの中国という地域大国が第二のレベルをなしていて、それに続いて、独仏に対するイギリス、ロシアに対するウクライナ、中国に対する日本などが第三のレベルをなしている。

ソ連の崩壊によって冷戦も終結し、大国間の緊張もたしかになくなった。これによって、アメリカが名実ともに世界における唯一の超大国となったのは、だれの目にも明らかだろう。いわゆるグローバリゼーションのもと、アメリカの流儀が世界中を圧倒したのだが、それでは今日、ローカルな形であれグローバルな形であれ、世界を代表するアメリカの資本主義に対抗する勢力はありうるのだろうか。そしてなによりも日本は、これまで通りアメリカという最強の国に追従する戦略をとっていくのだろうか。それとも、アメリカに代わって中国が世界的な規模で最強の国になりうるならば、日本は中国に付くべきなのであろうか。

これまで、世界の各国はアメリカを標準とみなしながらも、同時に多極化に向かい、多くの文明からなる世界を形成してきた。文明とは文化の集合体であり、わたしたち人間を区分する最高の概念であった。冷戦後の世界ではもはや、民族の違いは、資本主義か社会主義かというようなイデオロギーの問題ではなくなった。政治や経済を超えたところで、もっと根本的で切実な問題が浮かび上がってきたからだ。すなわち、わたしたちはいったいだれなのかという問い、アイデンティティーの問題である。このときわたしたちは、その答えを伝統的な文化のうちに求め、宗教や言語のような文化制度のなかにみずからの正統性を見いだそうとした。

民族が同じであっても宗教が違うとたがいに殺し合うことがあるように、宗教が人間を区分するもっとも重要な要素であることに、はじめてわたしたちは気づいたのである。たとえばユーゴスラビアのように、複数の民族が共存する地域であれば、宗教が違えば「民族浄化」といって別の民族を排除しようとする。異なる宗教間でいったん対立が生じると、これが文明の衝突となって現れてくる。だが、宗教の違いが根本の違いであり、文明の衝突が最大の脅威であるとしても、ではいったい、わたしたちは文明の衝突に対してどのように対応すればよいのだろうか。

ハンチントンによれば、わたしたちは三つの対応を取ることができるという。第一の対応は、いかなる衝突にも干渉しないという消極的な態度である。第二の対応は、たがいに交渉して戦争を阻止するという積極的な姿勢である。そして第三の対応は、文明の多元性を認めながら人間の普遍性を求めていくという穏当な解決策である。たとえば、殺人や拷問を許さないという最低限の価値や制度を共有できれば、それを拡大して単数の文明にかぎりなく近づいていくこともできるかもしれない。しかし、いずれの対処方法であっても、文明概念にもとづいた新しい国際秩序の構築こそが、世界戦争を未然に防ぐもっとも確実な安全装置なのだという。

なるほど、文明の衝突をあらかじめ回避するという発想もありうるだろうが、だがここでは、より積極的に文明の共存を促すような理論を提唱することにしたい。専守防衛などというういささか矛盾した平和的な軍事論を擁護するのではなく、憲法九条を世界遺産にするという控えめな提案でもなく、むしろそれを世界中に輸出していくような積極的な提案があってもよいだろう。自国の防衛を放棄するラジカルな思想も可能ではあるが、武装放棄を理想論として退けるよりも、むしろ、すべての国が他国のみを防衛しあう国際関係を構築するほうが、ずっと現実的な国防論となるようにも思うのだが、実際のところはいかがなものだろうか。

あらためて言うまでもないが、他国を理解する条件は自国を絶対化しないことであり、ひいては自己やみずからの文化を絶対化しないことである。そこにはじめて他者を他者として、異文化を異文化として尊重する態度も生まれてくる。そして共通の価値観を育てるための土壌も準備されてくるというものだ。異なったもののあいだでの対話も、たがいを尊重しあうという態度も、異なったもののあいだに同じものを見て、同じもののあいだに異なるものを見る、矛盾の論理や弁証法的な対話が可能なものであるのかどうかも、ここであらためて検討しておく必要があるだろう。

6　東西の比較からグローバルな論理へ

矛盾の論理とはどのような論理であり、弁証法とはいったいどのような方法なのであろうか。矛盾の論理とか弁証法ということばでまずもって思いつくのは、ヘーゲルの観念論か、あるいはマルクスの唯物論であろうが、ひろく西洋の哲学を東洋の思想と比較しようとすれば、プラトンから始まってヘーゲルにいたって完成する哲学の系譜をひもとくのみならず、もっと広い視野で弁証法とは何かを考えていく必要があるだろう。

たとえば、禅仏教を唱えた鈴木大拙は、禅仏教を西洋人に理解させるための論理が必要だと考えて「即非の論理」（AはAではない。だからAである）を提唱したのだが、もともとは金剛般若経に由来する即非の論理も、一種の弁証法だと考えることができる。禅仏教は大乗仏教かそれとも小乗仏教なのかという問いを立てては、禅仏教は大乗仏教でもあり小乗仏教でもあると答えたり、あるいは、禅仏教は大乗仏教でもなく小乗仏教でもないと答えたりする、鈴木大拙に特有なレトリックは、まちがいなく矛盾した論理だといってよい。

近代日本の哲学を確立した西田幾多郎も、即非の論理を西洋哲学のなかでとらえ直して「場所的論理」（自己は、自己を否定するところで、真の自己である）を確立したのであった。西田は大拙のいう即非の論理を絶対矛盾の自己同一というみずからの論理に引きつけて解釈しているが、弁証法とは、西洋の哲学にかぎらず、東洋の思想にも見られる考え方である。そうであれば、弁証法という矛盾した論理を、東西文化の比較という見地からはっきりと見定めることは、今日でもなお重要な課題だといえるだろう。鈴木大拙のいう即非の論理や西田幾多郎のいう絶対矛盾の自己同一を、西洋の論理として弁証法を確立したヘーゲルの思考方法と比較して、両者の違うところと同じところを押さえておくことも大いに意味のあることだろう。

すでに西田の著作は数多くのヨーロッパ言語に翻訳されているのだが、翻訳書だけを読んでいると、西田の哲学はしっかりと西洋的な論理にのっとっているという印象を受ける。日本の哲学という先入観をもって読みはじめると、西田の用語がことのほか西洋の伝統的な哲学の概念に置き換えられ、そして抵抗もなくすんなりと理解されて受け入れられるのに驚く。

しかし、西田がみずからの弁証法を絶対弁証法と呼び、これに徹したものとして仏教思想を挙げ、大拙の説く即非の論理という仏教的弁証法と結びつけている点からすれば、西田の弁証法は東洋的なものともいえるのだろう。それでは、西田の説く弁証法は仏教思想を前提にしたうえで唱えられたものなのだろうか。あるいは、禅体験に根ざしたうえでのものなのだろうか。はたまた、西洋的な意味での哲学によってのみ構築されたものなのだろうか。

西田哲学の出発点である純粋経験は、仏教的な伝統や体験とは同一視されてはいないから、仏教を前提しなくともたやすく理解することはできる。それ以後の思索が純粋経験の発展であるとするならば、西田の弁証法が西洋哲学の立場から理解されるのもよくわかる。しかも西田は、弁証法でもってキリスト教の伝統に根ざした西洋の宗教的体験をも説明しようとしていた節がある。

しかし、絶対矛盾の自己同一といっても、絶対弁証法といっても、はたまた場所的論理といっても、それが論理としてどこまで成功しているのかという問題はいぜんとして残っている。はたしてそれはまっとうな論理なのだろうか、あるいは存在論とでも解すべきものなのだろうか。論理とはそもそも思考の形式なのだろうが、思考の形式は実在にもかかわるのだろうか。ヘーゲルのいう絶対者の弁証法が国家の論理であり、ひいては世界史の論理であるのを認めるとしても、西田のいう絶対弁証法もそのように理解して受け取ってもよいのだろうか。

西田の弁証法が、たんに禅の体験にもとづくもので、しかも仏教思想を説明しただけだというのであれば、それはまったくもって説得力を欠く論理となってしまうだろう。それとも禅仏教は、キリスト教などのあらゆる宗教をもみずからの論理でもって説明することのできるような、より包括的なグローバルな論理でありうるのだろうか。

西田の弁証法は、仏教などの東洋的な体験を説明するばかりか、キリスト教の立場に立つ実存的な体験をも説明しようとするから、少なくともその意図からすれば、ヘーゲルの弁証法の論理と同じように、また、鈴木大拙の即非の論理と同じように、東洋の論理と西洋の論理の比較を超えて、グローバルな論理をめざしたものだといえるだろう。

そうだとするならば、西田の弁証法を手がかりにして、いまあらためて弁証法という矛盾の論理のもつ意義を考え直してみるのも時宜にかなったことである。東洋の論理も西洋の論理も同じ一つの弁証法として理解しようとするのも、東洋的な伝統に立ちながらも西洋の思想文化を吸収し、かなりの程度まで消化しえた日本のような文化においては、ある意味では、みずからに課した課題だともいいうるであろう。

では、ローカルな出自をもつ論理や思想も、ひろくユニバーサルな文化を生みだすことができるのであろうか。

7 ローカルな技芸からユニバーサルなコンテンツ産業へ

技術と芸術が一体化していた技芸とは、今日のことばでいえば、文字・音声・映像からなる文化の中身を、開発から製作までトータルに引き受けるコンテンツ産業のことである。総合的な文化サービスともいえるコンテンツ産業においては、専門の技術をもった個人を必要としながらも、技術者がたがいに協力して自分の才能を発揮しながら作品を仕上げていく。とりわけ映像産業においては、一つの作品を完成するためにも、作る者にはもちろんのこと、演じる者から撮る者にいたるまで、高度なテクニックが要求されてくる。

芸能や工芸においては、あらゆる場面で、その当時の最先端の技術と多彩な演技とが必要とされてきた。たとえ自覚されてはいなくとも、総合芸術ともいえる技芸では、共同製作という形式が取られてきたのであり、その伝統は現代にまで引きつがれている。そうした風土が形成されていた場所でこそ、たとえば映画製作のような共同作業がなされてきたのであろうし、また今日でもなされているのであろう。よい意味でもわるい意味でも、ローカルな場でこそ創造的な共同作業も可能になっていたのである。

だが今日では、映画・テレビ・マンガ・アニメ・音楽・ゲーム・出版などのコンテンツ産業において、共同作業が不可欠であるのは、制作者が市場のニーズをうまくつかんでいる必要があるばかりか、そこには、有力なスポンサーをバックに付けている必要があるからだろう。メディアが権力と結びついているのでないとしたら、多くのひとを引きつけるためには、有能なプロデューサーやディレクターが必要となってくる。総合芸術とも呼ぶことのできるようなコンテンツ産業の製品は、消費者を引きつけるだけの魅力と、制作スタッフを集めるだけの吸引力とが相まって、はじめて生まれてくるものなのである。

作品に集まる一人ひとりは、みずからの力量に応じて新たな関係を築いていくだろうが、人間の関係も芸術の協力も、中心人物がもつ求心力のうえに、地域にはぐくまれて引き継がれていく。これは、才能やタレントとはいわないまでも、創造的な仕事に携わる者に求められる資質なのであろう。伝承ともいうべきこのような継承は、技術の世界でも芸術の世界でも、創作の場ではかならずや中心点を必要とするのだから、伝統社会から現代社会にいたるまで、ずっと当てはまるものなのである。共同作業とは、近代以降の労働の様式ではなく、古典芸能のなせるわざなのであり、今日では、総合芸術であるコンテンツ産業にこそ受け継がれているものである。

音楽や映画はもちろんのこと、アニメやゲームなど、今日のコンテンツ産業は、技術と芸能とが結びついた総合芸術であり、アートとテクノロジーが共同作業を求める総合文化である。両者の共同なくしては音楽や映画の製作はもはやありえないから、アートとテクノロジーとの共同作業を通じて生みだされた商品は、インターカルチャーな総合文化であるといえる。

また、文化のコンテンツは、今日ではインターネットで配信されるのであるから、光ファイバーやケーブルテレビなどのブロードバンドとも密接にかかわってくる。メディアによって提供される中身（ソフト）は、それが音楽・映画・マンガ・アニメ・ゲームなどの創作物であっても、あるいはテレビや本であっても、そのあいだにまったく差はない。文化の中身は映像・音声・文字などの記号として提供されるから、CDやDVD上のデータであっても、インターネットやコンピューターのようなマルチメディアによるものであっても、数量化される情報にすぎないのである。

製作の場面において共同作業がうまくいけば、完成した作品はりっぱな芸術作品となるだろうが、もし失敗すれば、大量に生産されては使い捨てられるだけの商品にすぎない。そこで、映画のように大がかりな総合芸術においては、製作する側にも鑑賞する側にも、作品の質を見きわめる力が求められてくる。

だが、作品の質とは、数量化される情報とは違って、制作した個人の独自性にもとづくものではないのだろうか。いやむしろ、特定の個人をはるかに超えたところで生まれてくる、伝統とでも呼びうるようなものが芸術作品なのではないのだろうか。芸術作品が、特定の個人を超えて文化や風土と結びついた伝統にもとづくものであるならば、それが根づくところに「芸術村」のような都市を築き上げるだろう。芸術都市ともいうべき文化都市の建設とは、世界でも独自の芸術作品を生みつづけることであるが、その独自性が徹底してローカルな場に根づいていたことは、あらためて指摘しておいてもよい。

いまや日本は世界第二の映画消費国であるが、これをテレビ・マンガ・アニメ・音楽・ゲーム・出版へと拡大していけば、世界最大のコンテンツ産業国となり、そして消費国となる。日本のなかでは、東京は映画を製作する最大の都市なのだが、それは統治機能が集中しているからではなく、消費活動が集中しているからである。もっといえば、消費の前提となる生産技術が集中している結果なのであって、東京という一地方都市の文化に根ざすものではない。

では、東京とは違った芸術作品を、日本のなかの一つの小都市が生みだすことができるのだろうか。

そして、日本という一つの小国家が、中国や韓国、さらには欧米とは違った作品を生みだしていくことができるのだろうか。これらの疑問に対しては、きわめて特殊な技芸による制作が、ユニバーサルなコンテンツ産業を通して、事の一端を明らかにしてくれるかもしれない。

おわりに

文化とは人間と人間の作ったものであるから、わたしたちは他者と出会うところで、あるいはモノを使うところで、自分とは違った文化に出会っているはずである。

まずは、最先端のテクノロジーとわたしたちの日常生活が交わる、比較的身近なところから出発したい。毎日の生活は、最新の科学技術に支えられていて、十分にその恩恵にあずかっているわけだが、そういうところでもわたしたちは、目には見えないところで進んでいる、テクノロジーの進展とかかわりを持ちつづけている。

ここから、グローバリズムとローカリズムを一つの関係としてとらえ直してみよう。「グローカル」というような、グローバリズムとローカリズムを足して二で割ったような折衷用語も生まれてきたが、両者のあいだにあいまいな線を引いて考えてみれば、異文化の理解と誤解、異文化間コミュニケーションと不通というような、インターカルチャー論の基本問題を設定することができる。

グローバリゼーションの直面する問題は地球規模での難題なのだから、どのような国であれ、いつまでもわがままを押し通してばかりはいられない。ときには必要に応じて周りを見渡しては、みずからの振る舞いを反省して襟を正すことにならざるをえない。文明の衝突とか文明の共存といった大がかりなテーマでなくとも、国際関係と国内問題とがぶつかり合うような緊急の場面でこそ、落ち着いて考えることがまずもって大事になる。大がかりな問題が身近な話題となって浮かび上がってくるのも、まさにそのときである。そのさい、長期的な戦略といってもよいが、目先の利益だけに誘導されると、とんでもない失敗で終わってしまうのは、異文化理解においても同じである。

モノの交流にかぎらず、学問の輸出入にかぎらず、日本における外国文化の受容と海外における日本理解とを比較してみれば、その差は歴然としていて、これほどまでに日本人が外国を理解しようと努力しているのに、外国では日本のことが正しく理解されていないのはなぜだろうか。海外に目を向ければ、首をひねることも多々あるだろう。

英語を一生懸命に学んでも身についたものはほんのわずかで、言いたいことが何もなければ、どんなに努力しても、むなしい努力に終わってしまう。英語の学習を強いられれば、何のためにと立ち止まって考えてしまうのもわからないことではない。ウィンドウズやワードが世界の標準だといってはばからないのと同じように、英語が国際語だといって開き直るのも、ほかの言語ができないからという言い訳でしかなく、自分の限界を他人に押しつけているにすぎない。

母語と外国語のあいだに線を引いてみて、外国語を日本語に翻訳できるとかできないとか、あるいは、日本語を外国語に翻訳できるとかできないとか、両者のあいだを行き来しているようでは、異文化理解はおぼつかない。日本では意思の疎通があいまいだから、相手の気持ちを察してあげるのがよいが、外国でははっきりとことばで表現しなければ伝わらないのだとか、そういった安直な比較文化論に、まだとどまっていてもよいのだろうか。

多文化主義という一種の相対主義から、複数の言語からなる文化制度を確立しようとしても、そのあいだに世界はすっかり一元化されていることだろう。ここで、自由と平等、学問と学校、民主主義と資本主義など、今日わたしたちがまったく疑いもせずに前提している、出来合いの文化制度を少しだけ揺さぶってみようか。衝突から対話へ、そして共生へと向かって、むりをして共生などしなくてもよいのだと開き直ることもできるのだが、ちょっとだけ腰を据えて、一つひとつの問題をていねいに考え直してみたいと思う。

本章の全体を貫くテーマはインターカルチャーであったが、日本語に翻訳すると、文化の「あいだ」とでもなるであろうか。めざすところは、文化の衝突するところでその原因を探ってみたり、ガイドラインを作って有効な対処法を示したりと、対応の仕方をいろいろと試してみることであった。本書では、さまざまなテーマをめぐってインターカルチャー論の取り組みが試される。

参考文献

サミュエル・P・ハンチントン『文明の衝突』鈴木主税訳、集英社、一九九八年。

サミュエル・P・ハンチントン『文明の衝突と二十一世紀の日本』鈴木主税訳、集英社新書、二〇〇〇年。

ドイツ観念論研究会編『思索の道標をもとめて――芸術学・宗教学・哲学の現場から』萌書房、二〇〇七年。

寄川条路編『インター・カルチャー――異文化の哲学』晃洋書房、二〇〇九年。

第5章　グローバル・エシックスとは何か

はじめに

海外旅行で空港に降り立ってトイレに入ったとしよう。空港のトイレに入ってみると、その国の文化も見えてくるのだが、便器をじっと見つめていると、形状は異なっていても、同じ会社が作ったものだと気づく。アジアの空港であってもヨーロッパの空港であっても、そこには「アメリカン・スタンダード社」と書いてある。だが、スタンダードという普遍的な名称が与えられていても、じつはそこには、特定のスタイルが一方的に備え付けられているだけかもしれない。

アメリカ流の生活様式が普及してきて、文化が画一化されたのだと批判することもできるが、世界中で話されている言語の半分が死滅していくなかで、いつのまにか英語が世界の標準語になってしまい、アメリカ英語やイギリス英語という方言のような国際語も生まれてきた。他方で、マイナーな文化を世界遺産にして保護しようとするグローバルなローカリズムも世界中に育ってきた。

グローバリゼーションとは、一九八〇年代から盛んに用いられるようになった用語だが、それは既存の国家の枠組みを超えて、世界的な規模であらゆるものを一体化していこうとする巨大な流れのことである。とりわけ一九九〇年代に入って、東西の冷戦も終結して、市場経済にもとづく自由主義が左右の対立を超えて押し寄せてくると、新自由主義と呼ばれる新たな政策がグローバル・スタンダードとなって世界各国に浸透していった。

新自由主義は、国内では小さな政府による民営化と規制緩和となって所得の格差をもたらし、海外では超大国による新しい世界秩序の形成となって文明の衝突と環境破壊をますます深刻なものにした。世界政府や地球防衛隊などがあればきっと解決してくれる問題なのだろうが、各国がそれぞれに似たような民主的国家になっていくなかで、テロリスト集団やＮＧＯなどの非政府組織の活動も活発になり、グローバリズムを推し進める国家や企業に対する反発の声も大きくなってきた。

世界の状況がこうであるとして、わたしたちはいま何をなすべきであり、どう対応すべきなのだろうか。本章はこのような問題意識のもと、地球規模の危機に立ち向かうことのできる倫理（エシックス）を構築することが二十一世紀というグローバル時代の課題であるという基本姿勢を共通の出発点として、グローバリゼーションのもたらす諸問題にさまざまな視点から答えを与えようとするものである。

まず、グローバル・エシックスは、地球規模での倫理問題を信仰の自由から寛容の倫理へと掘り起こし、思考の革命から公共の世界市民へとたどっていく。世界市民の連帯と自由経済の原理を掲げ、道具化する物とモノ化する人を見据えながら、個人の自由か連帯する共同体かというせっぱ詰まったところで市場における議論のゆくえを探っていく。

つぎに、グローバル化時代における寛容は、啓蒙主義の寛容論から現代の寛容論への移行を基本線として、啓蒙主義の宗教的寛容論から出発して、レッシングを基点とした現代の寛容論へと寛容論の系譜をたどっていく。そのうえで、形式上の寛容と内容上の寛容の区別を踏まえて、寛容論を二十一世紀のグローバリズムへとつないでいく。

そして、グローバル化時代における世界市民は、グローバリゼーションの諸問題をカントの世界市民の概念に引き戻して考察していく。思考様式の革命としての理性批判から、政治革命か漸進的な改革かというぎりぎりの選択を経て、理性の公共的使用の存在論的前提を解き明かしていく。

さらに、グローバル化時代における国家と世界市民の連帯は、グローバリゼーションのもたらした諸問題を指摘するだけではなく、国民国家と民主主義がかかえる問題を解決するためにも、その積極的な方法を十八世紀の植民地主義と国際法にまでさかのぼって考察していく。

また、グローバル化時代における「物」への問いは、グローバル・エシックスの提起する問題を、ハイデガーの術語を手がかりにしながら、道具から芸術作品へと説き起こしていく。物とは何かという根本の問題と、物はわたしたち人間にどのようにかかわるのかという問題設定を経て、グローバリズムとローカリズムの往還へと進んでいく。

加えて、グローバル化時代における承認論は、アドルノからホネットへと論を進めながら、フランクフルト学派のコミュニケーション行為の承認論的転回とその射程を探っていく。アドルノからホネットへと架橋するために、身体という社会的なものを手がかりにして、承認論的オプティミズムと美的ペシミズムとのあいだを揺れ動きながらグローバル・エシックスを構築していく。

最後に、グローバル化時代における会話と議論は、近代的理性の自己批判的性格の起源を説き起こすことから、会話の伝統を見直していく。議論と会話の対比を通して、議論が成立したり成立しなかったり、ことばが理解できたり理解できなかったりするとはどういうことなのか、という基本問題の要点を丹念に押さえていき、最終的には会話に対する議論の優位を説くものである。

いずれの節においても、グローバリゼーションが世界の直面する問題群の源であるならば、グローバル・エシックスとは地方や地域に限定された小さな倫理ではなく、地球規模で考える大きな倫理でなければならない。自分のことも大切だし、他人のことも気になるだろうから、そこまでできたら今度はみんなのことも考えてみよう、というものだ。もちろん、みんなのなかには人間以外のものも入ってくるし、地球だってほんの小さな惑星にすぎないのだから。

1　グローバル・エシックスとは

「グローバル・エシックス」（Global Ethics）ということばそのものは、おそらくは、一九九三年にシカゴでの第二回世界宗教会議で採択された宣言「グローバル・エシック」（Global Ethic）にまでさかのぼることができるだろう。この宣言は、環境破壊、資源枯渇、生物種絶滅、人口爆発、戦争テロなど、現代の諸問題に対応するための倫理の必要を特定の信仰を超えて世界中の人々に訴えかけたものので、「地球倫理」という日本語に訳されている。地球上のさまざまな環境問題を解決しようとする点では、一九九二年の国連環境開発会議「地球サミット」と同じ方向をめざしていたといえるが、グローバリゼーションの影響は地球や環境にだけ及んでいたのではない。

では、グローバル・エシックスとは、どのようなエシックスなのだろうか。グローバルとは地球という意味であり、エシックスとは倫理という意味である。とすれば、グローバル・エシックスは、地方や地域に限定された小さな倫理ではなく、地球規模で考える大きな倫理である。自分のことだけを考えていては了見が狭い。他人のことにも気を配りながら、そこから自分の目線を人間以外のものにも向けてみよう。大きく構えて大きく考えるのが、グローバル・エシックスだ。

地球の全体を視野に入れるのは、わたしたちがグローバリゼーションの時代を迎えたからである。今日では、お金や情報だけではなく、人や物はすべて国境を越えてたがいに結びついている。国という枠組みを軽々と超えてお金や情報が流れていくように、地球規模で人や物が行き交うところが、グローバリゼーションの時代である。これはなにも国際政治や金融経済にかぎった話ではない。自然環境から文化制度にいたるまで、ありとあらゆるものが国を超えて交流しあうのが、現代の世の中なのだ。

西側と東側、資本主義と社会主義という対立の図式は、とうの昔に崩れ去った。かつては、両者のあいだでは電話もつながらなかったが、いまではインターネットを介して、どこでも好きなところへとアクセスすることができる。パソコンさえあれば、どこにいても世界中の情報を入手することができる。必要なものばかりか、不必要なものまでも、あっという間に手に入れることができる。こうして情報技術は、わたしたちを新たなネットワークのなかにつなぎ止めた。

これも、わたしたちが知らないあいだに、通信手段が世界的な規模で統一されたからであり、媒体であるメディアが統一されて、情報を発信したり受信したりする仕組みが整備されたからである。地球規模での画一化も進んできて、グローバル・スタンダードとも呼べるような判断の基準がわたしたちに与えられたのである。

グローバリゼーションはわたしたちに便利さだけを与えてくれたのではない。便利さとは統一化の別名だから、統一基準が作られると、みんなが同じ基準に従わなければならない。いつも同じようなものが与えられても、がまんして受け入れなければならない。オリジナルなものは余計なものだからと排除されていく。

何を基準にするのかは簡単だ。好きでも嫌いでも、みんなが勝ち組の論理に従ってついていく。唯一の超大国となったアメリカが自分の価値観を押しつけてくるように、超大国の振りかざす論理だけが「正義」となってしまう。国際社会では「国際語」である英語を使いましょう、という論理と同じものだ。

世界の流れにあらがって、地域の独自性を打ち出すことができるかもしれない。グローバリゼーションに対抗して、国や地域の伝統を重んじる立場もあるだろう。自分らしさを大切にして、アイデンティティーを保ちましょう、というものだ。だがそれも、自分の殻に閉じこもるだけの、地域主義（ローカリズム）や愛国主義（ナショナリズム）に陥ることはないだろうか。

では、自分の殻に閉じこもるのでも、かといって自分の都合を他人に押しつけるのでもなく、地球規模での大きな倫理を打ち立てるにはどのようにすればよいのだろうか。グローバル・エシックスとは、すべての人や物を地球規模で考えることができるような大きな倫理のことであった。だとすれば、まずは、自分以外のものにもこころを開いて、他人の言うことにも耳を傾けて、寛容な態度をとるところから出発してみよう。

2　信仰の自由から寛容の倫理へ

わたしたち一人ひとりは異なった基準をもっているのだろうか。もしそうであるならば、多様な価値観をもった人々のあいだで共通のルールを作りだすのは、必要であるとしても、困難を伴う作業だろう。異なる考えをもつ人にも寛容な態度で接するべきだ、というのもよくわかる。かつて西洋近代の市民社会で寛容な態度が求められたのも、キリスト教徒とユダヤ教徒が共存しなければならないという、宗教上の必要があったからだ。しかし今日では、外国からの移民と共生しなければならないという経済上の必要もある。

世界的な規模で人と金が移動するグローバル化の時代においては、わたしたちは異なる文化をもつ人々と、いやおうなしに共生していかなければならない。異なる二つの文化が出会うときには、うまく融合することもあれば、運悪く衝突することもある。このとき二つの反応が生まれてくるように思う。一つは、多数派がグローバル・スタンダードという普遍主義を掲げて少数派を抑圧する場合であり、もう一つは、少数派がアイデンティティー・ポリティックスという相対主義を盾に取って多数派に対して自己を閉ざす場合である。グローバル化時代における寛容の倫理は、普遍主義と相対主義を媒介しようとして、両者のあいだでバランスを取る。

多数派は相手を論駁しようとして自分の立場を他人に押し付けてくる。普遍主義といっても、じつは、特殊にすぎない自分の立場を絶対化しているだけなのだが、主張している本人にはそれがわからない。その一方で、少数派は異なる文化の違いに敬意を払っているようにも見えるが、じつは、相互の立場を理解しえないものとしてはじめから切り捨ててしまっている。立場が違うのだから結局のところはわかり合えないのだとか、たがいに干渉しなければ衝突も生まれないのだからといって、小さな平和のなかに閉じこもってしまう。

普遍性だけを唱えると、自分の立場を他人にも強要することになるから、強制を通り越して全体主義に陥る危険がある。この危険を回避しようとして特殊性を守ろうとすると、今度は真理を相対化することになる。相対主義は、たしかに、自分こそが正しいといううぬぼれを批判することだけはできるかもしれないが。

では、どのような考えや教えが正しいのだろうか。思想や信条であれば、どれが正しいのかを、そう簡単に決めることはできない。自分こそが正しいというのはたんなる思い上がりであって、そんなことはだれにも言えない。わたしたちはまず、謙虚になることが必要だ。相対主義から学ぶことのできるものがあるとするならば、それは、普遍主義的な主張への根本的な懐疑である。

人間性といい理性といい、近代では人間のもつ普遍性が強調されてきた。それに対して現代では、文化のもつ特殊性が心地よく語られてきた。そしていま、グローバル化時代を迎えたわたしたちは、頭の固い普遍主義と腰の据わらない相対主義を媒介しようとする。

グローバル・エシックスの出発点は、たがいの文化が接触することは必然であり、干渉を避けることはできないという逆転した発想である。グローバルな状況とは、対話をしても理解しあうことはできないという不幸な結末が予想されていながらも、対話を退け鎖国をして自国の文化にのみ耽溺することはもはや許されないという厳しい現実である。

たがいに理解しあうことはできないからといっても、異なる立場との接触や相互の干渉を避けるわけにはいかない。はじめから対話を放棄するのではなく、対話をすることだけは欠かせないという一点だけは共有できるだろうか。もしもできるとするならば、そのときにはもはや自分の主張こそが正しいと思って押し通すこともできないはずだし、それぞれの立場で考え方が違うのだといって違いを放置しておくこともできないはずだ。

地球規模の大きな問題についても、いろいろな立場からさまざまな意見がありうるだろうが、しかしだからといって、普遍的な考えが捨てられるというわけではない。問題はむしろ、それが普遍的な考え方として形式的にしか認められないという点にある。

寛容な態度を勧めてみても、それは、他人の考えには踏み込まないという形式的な儀礼にすぎない。他人の考えに干渉をしないのが大人の態度であって、中身である考えのほうにはいっさい口を出さないことになっている。考えの内容に積極的に入っていくと、異なる考えをもつ人と衝突することになってしまうからだ。

寛容の倫理で問題になるのは、思想や信条の中身ではなく、議論をするときの形式である。思想であれ宗教であれ、どれが正しいのかという中身について議論するのはむずかしい。内容について議論を始めれば、基本的なところでつまずいてしまい、結局のところはたがいの違いを確認するだけで終わってしまう。はじめから結論が見えてしまうので、寛容を説くものは、実質的な議論をうまくかわしていこうとする。

他人に迷惑をかけない範囲で思想や信条の自由を認めあうのが、グローバル化時代における寛容な態度なのであろう。この点は重々承知しながらも、あえて寛容の精神を具体的な文脈に置いてみると、そこでは、どのような議論が成立するのだろうか。

3 思考の革命から公共の世界市民へ

普遍主義と相対主義を具体的な論争の場に置いてみると、世界主義か国家主義か、あるいは、世界市民主義（コスモポリタニズム）か愛国主義（ナショナリズム）か、という対立の図式も見えてくる。国際紛争が繰り広げられる今日、平和な世界を夢見て、世界市民主義が引き合いに出されることがある。世界市民主義とは、世界中の市民からなる一つの共和国を構築しようという発想である。近代ヨーロッパの市民社会を下敷きにしたこの考えを、グローバリゼーションという現実につきあわせてみると、どうなるだろうか。世界市民主義はグローバル化時代の国際紛争を解決する手段となりうるだろうか。

民主的な国家であっても、かならずしも他国と仲が良いわけではないし、リベラルな国家体制が世界の平和を実現してくれるわけではない。グローバリゼーションという現実を受け入れるならば、世界平和の実現はますます困難になってきているように見える。だがその一方で、どの国も近隣諸国や国際社会を無視することもできないという現状認識もある。この認識から出発するならば、逆に、世界平和を唱えるための必要条件もそろってきたとはいえないだろうか。世界・地球・国際、グローバルといった概念がますますアクチュアルなものになっているのもそのためである。

世界市民という概念を、その出所であるカントに引き戻してみよう。まず基本となるのは考え方の方向転換である。人間のあり方や物の見方が一変するのが「革命」であるが、カントによれば、考え方の革命はそうであっても、現実の政治はそうはいかない。国家は急激な変革である政治革命よりも「改革」のほうがよいという考えなので保守的だと呼ぶこともできようが、現実の国家が理想の国家に近づいていくのを黙って眺めていたわけではない。むしろ、理想を現実に合わせるのではなく、現実を理想に合わせようとしていたのだと理解したい。

みずからにも問いただしてみよう。軍隊をもっているという現実と、戦争をしないという理想がある。どちらをどちらに近づけたらよいのだろうか。カントが考えていた問題は、わたしたちの国がいま直面している問題とまったく変わらない。

国家の存立が国民主権という考えにもとづいているならば、国民の自由な意志に従って民主的な手続きを経て国家が成立したと考えることができる。国家とは、わたしたちがたがいに対等な立場で話し合って、合意に達したうえでできあがった統治システムというわけである。つまり、普遍的なルールによって支配統御される一つの体制なのである。

ひょっとすると個人のモラルと社会のマナーは区別されるかもしれないが、これを同じ人間の内面と外面としてとらえてみてはどうだろうか。モラルはマナーへとつながっているだろうし、一人ひとりが社会を形成しているのだから、わたしたちはみずからをこの社会に結びつけることもできれば、みずからをこの社会から引き離すこともできる。たとえ市民社会が私利私欲を求める私的欲求の市場であるとしても、それはどこかで国際社会へとつながっているはずだ。

自由競争にもとづくグローバルな経済交流が、人間の自由をも拡大していくという見通しもある。だがこれは、あまりにも楽観的な見通しにすぎない。そこには、勝ち組である国家や企業への追従と容認がひた隠しにされている。

ただし、わたしの物というプライベートな私的所有物でさえも、国家からの承認というオフィシャルなお墨付きを必要とするのであるから、ある個人の主観的な判断基準も、公的なルールと一致しないわけにはいかない。というよりも、そもそも両者は合致していたのではないだろうか。伝統的には、人間の理性という普遍的なものを持ち出してきて、それを公共的に使用するのが、西洋の市民社会における基本的なスタンスであった。したがって、考え方の革命とは、わかりやすく言い換えれば、公共的なものを基準にしてみずからの姿勢を正しましょう、ということである。わたし個人のなかにも公共の精神が芽生えてきて、そこから国際関係の場へと広がっていくのも、こうした態度変更によるものだ。

一人ひとりの人間は、個人感情という個別的なものと、人間理性という普遍的なものとのあいだに立ちながら、みずからの限られた視野を普遍的なものへと拡大しようとする。それによってはじめて、普遍的なものとしての理性が個別的なこのわたしのなかに現れてくる。そしてこのとき、このわたしがみずからを世界のなかの一人の世界市民として自覚するのである。自分のなかで世界の全体を考えるエゴイズムではなく、世界のなかで自分を一人の世界市民として考えるのが世界市民主義である。

このように考え方の革命とは、個人の考えが普遍的なものへと高められるという発想である。そうであれば、公共のことがらについても、世界のなかの一市民という観点から、積極的にアプローチしていくことができる。ローカルなところにまで浸食していくグローバリゼーションの流れのなかで、世界市民として普遍的な理念を主体的に語っていく可能性と必要性が一人ひとりの個人に開かれてくるのである。普遍的に思考することを個人の態度変更として求めるという考え方の革命こそがグローバル・エシックスにほかならない。

なるほど、わたしたちの一人ひとりが世界市民なのだという考えは、考え方としてはよくわかる。だが、考え方の革命を経た世界市民は、地球規模の問題に対してどのように対処していくことができるのだろうか。

4 世界市民の連帯と自由経済の原理

資本主義という経済システムが世界中に浸透して、わたしたちの生活を完全に覆いつくすなかで新自由主義経済と名づけられたグローバルなシステムは、イギリスのサッチャー政権とアメリカのレーガン政権から生まれ、日本の中曽根政権に受容され、小泉政権によって実現した。小泉政権のモットーは民営化と規制緩和であり、小さな政府であった。世界史的に見れば、これは福祉国家から新自由主義経済への転換である。

新自由主義経済への転換を地球的な規模で推し進めたのが世界貿易機関（ＷＴＯ）である。表向きは、自由な貿易を促して世界中のすべての人を豊かにしようというのだが、経済制度が自由になれば、それは共通化・標準化・画一化へと進んでいく。各国の制度が一つになれば、国家の機能もグローバルな市場に移される。自由競争という原理があらゆる領域に適用され、国家がグローバリゼーションに侵食されていく。

結果は、最初から有利な条件にある先進国の多国籍企業が莫大な収益をあげただけだった。たとえば、グローバルモータリゼーションに向けていち早く世界戦略を取ったトヨタ自動車がそうであるように。グローバリゼーションと多国籍企業が組み合わされることで、世界のあらゆる地域で格差や環境問題が引き起こされていく。弱者は強者の暴力に晒されるだけで、暴力的なグローバリズムに対してナショナリズムを唱えてみても有効な対抗手段にはならない。

グローバリゼーションは国家がコントロールできるレベルをはるかに超えている。国民国家という近代的なシステムも、グローバリゼーションに対してもはや有効には機能しなかった。新自由主義は、自己責任という名目で弱者を切り捨てるかと思えば、ワーキングプアが離反しないようにと、今度はナショナリズムを持ち出してきて弱者を拘束する。こうしてグローバリゼーションとナショナリズムは手を結んでいく。

世界貿易センタービル（WTC）へのテロリズムは国家を手玉に取った出来事だったが、影響力は国家をはるかに超えてインターナショナルなレベルに達していた。だがそれによって国家が意義を失ったというわけではない。国家は人権や人間の尊厳などの普遍的な価値を唱えながらも、一方では暴力や権力によって他国の権利をいともたやすく踏みにじり、他方では国土・国民・国語などのローカルな価値を維持していく。国民国家は自分に有利なように国境線を引きたがるものだ。

では、国境を軽々と越えて押し寄せてくるグローバリゼーションの流れに対抗して、わたしたちはコスモポリタン的な連帯を構築することができるのだろうか。これが今日のグローバル・エシックスに課せられた最重要課題である。

世界市民的な連帯が強者の暴力とならないように、真の普遍主義を確立することが必要だ。理屈としてはよくわかるが、基本的人権や人間の尊厳は普遍的な価値を持っているのだろうか。かりにそうだと認めても、どのようにして普遍的な価値を全世界に実現することができるのだろうか。世界のいたるところで自由と民主主義を説き、正義を一人占めにしている超大国の姿を目の当たりにして。

グローバリゼーションは地球的な規模での普遍主義なのではなく、ひょっとするとそれは姿を変えた植民地主義ではないだろうか。もしそうであれば、カントが指摘したように、植民地主義に対抗して鎖国した日本の政策も理にかなっていたのかもしれない。だが現代では、国を閉ざしてグローバリゼーションを拒絶するというわけにはいかない。では、国家や個人はグローバリゼーションに翻弄されるだけで、なんらの抵抗力をももちえないのだろうか。カントであればこう答えるだろう。グローバリゼーションに対抗しうる真の普遍主義を構築することが現代のグローバル・エシックスなのだ、と。

カントが『永遠平和のために』(一七九五年)のなかで展開した世界市民法は、国際法に内在するパワーポリティックスを暴きだすものだった。近代以降、国際関係の主体はヨーロッパとアメリカに限定され、すべての基準はグローバル・スタンダードに一元化された。これは、外から見れば、自分に有利なルールを他者に押し付ける強者の普遍主義にすぎない。国際法とは、先進国が他国を支配するための合法的なシステムであり、そうした強者の普遍主義を打破するのが世界市民法の構想だった。

正義を一人占めにする国家が自由と民主主義を振りかざすように、グローバリゼーションはすべての人に自己決定と自己責任を押し付けてくる。それは普遍的な価値にもとづくコスモポリタン的連帯を築くのではなく、連帯して立ち上がろうとするプレカリアートを木っ端みじんに粉砕する。自由も民主主義も、個人が自己を実現するための原理となることはなく、市場の原理となって各人に競争を促すだけである。

グローバリゼーションは連帯を阻止するだけではない。すべての人を労働力として徴用し、物として取り扱い、そして商品として陳列して販売していく。自由市場のなかの個人は、コロセウム（闘技場）の剣闘士のようにたがいの価値を競いあうように仕向けられる。グローバリゼーションに対抗して闘う個人は、はたして自分を守るための盾をもっているだろうか。

5　道具化する物とモノ化する人

グローバリゼーションが具体的な問題となって現れてくるところでは、これまでの考え方では対処できない問題も出てきた。伝統的な倫理では扱うことのできない問題があることを、グローバル・エシックスの出現は物語っている。グローバリゼーションにかかわる一つの問題として、ここでは人と物との関係を取り上げてみよう。

わたしたちは、他人に迷惑をかけなければ何をしてもよいと考えがちだが、わたしたちのなすことで、他人にかかわらないことなどいったいあるのだろうか。

倫理とは人間のあり方についての学問であるが、人間の存在にはつねに他者の存在がかかわっている。わたしたちは通常、わたしを基点として他者との関係を考え、政治や経済の問題を論じていく。あるいは、実存というこのわたしから、他者とのかかわりについてアプローチしていくこともある。さらには、人間を中心にした考え方を超えて、わたしたちの周りにある物へと向かうこともできるだろうか。グローバリゼーションの進む今日では、倫理の向かうところは、わたしから周りにいる他者へ、そして人間以外のものへと広がっていく。

日ごろからわたしたちは、周りにある物をわたしたち人間のために存在するものとみなしている。身の回りにある物は、わたしたちに役立つものとして配置されている。物とは人間によって日常的に使われる道具であるから、道具は有用なものでなければならない。ただし道具は、役には立ってもけっして目立ってはいけない。物をこのように道具としてのみ見るのは人間中心的なパースペクティブであろう。

人間が中心であれば、世界のなかにあるものはすべて物とみなされる。そうだとすれば、世界は物に満ちあふれていることになるが、ではいったい、物とは何であろうか。

物はかならずしも対象ではない。対象とはわたしたち人間に対してあるものだから、人間が主体であるかぎり、物は対象として立てられる。そしてわたしたちは、何かのために物を取り立てるのだから、物が物としてあるのも、目的を果たすまでのわずかなあいだにすぎない。物が何かのために用立てられるのであれば、しかし、その物は何か別のものへ向けられているのではないだろうか。実際のところ、物はすべてある大きな目的のために用立てられている。

だが、用立てられるのは物だけではない。グローバリゼーションのもとでは、人間も用立てられていく。わたしたちの一人ひとりがかけがえのない存在として顧みられることはなく、人材として徴用されていく。正社員であっても派遣社員であっても同じことだ。人を物のように用立てようとする構造が、グローバリゼーションの特徴なのである。グローバル化した現代社会では、人であれ物であれ、すべてのものを強制的に取り立てて使用する仕組ができあがっている。

グローバリゼーションとは、すべてのものを強制的に取り立てて物として使用する仕組みであり、それを世界的な規模で実現した仕組みのことである。すべてのものを物として役立てようとするのも、人間のもつ欲望の結果なのだろうが、市場のニーズといい、需要と供給のバランスといい、何かを用立てるところには、かならずや人間の欲求が潜んでいる。目標に到達する、企画を実現する、夢や希望をかなえる、などという前向きのことばは、人間をつねにさきを見越して行動するように仕向けている。

わたしたちは、たえず目標へと向かって進んでいくように追い立てられているのであって、立ち止まることは許されていない。止まってしまえば取り残されてしまうから、前へ前へと後ろから押されていく。これが個人の努力、会社の成長、社会の発展、人類の進歩というものである。行き着くところのない最終ゴールに向かって、ひたすら全力で走っていくような世界構造のなかに、わたしたちはすでに組み込まれている。

では、グローバル化された世界のなかで、わたしたちは道具でもなければ人材でもないような人に出会うことができるだろうか。もしも、自分のためであれ他人のためであれ、用立てるという発想から逃れることができるならば、そのときにはじめて、わたしたちは他者とともにあることができるのだろう。他者に寄り添いながら、たがいに身を寄せあうところに開かれてくる場が、人間が持続的にあり続けることのできる場所なのである。

人間がこのように生を営むところを、たとえばハイデガーは、天・地・神・死という四つのキーワードで説明している。人間は天空の下、大地の上にいる。これは、無限な神の前で、死すべき人間として存在していることである。人間は四つのなかで自分の足許をしっかりと見据えて立っている。人が大地に根を下ろして住まうというのはこういうことなのだろうが、そうであれば、みずからの住まいというローカルな場所からしかグローバルな問題も見えてはこないだろう。

6　個人の自由か連帯する共同体か

米や大豆、小麦やトウモロコシなどの穀物は、わたしたち人間にとっては主要な食材なのだが、他方で、クルマの燃料を作りだす原料ともなりうる（バイオエタノール）。収穫される食料の多くが廃棄され、流通する食品の多くが一部に集中して、お腹をすかせている人がたくさんいるのを知っていながらも、わたしたちは平気で、限られた材料をクルマのエネルギーへと振り分けていく。経済効率としてはそのほうがよいから。

わたしたち人間は、自己を保持するために自然を利用し、地球を限りなく使い果たしてきた。物ばかりか人をも利用して、あらゆるものを管理コントロールする社会へと行き着いたのも、人間の理性が自然をうまく支配してきた結果である。合理化が進んでいくなかで、社会は細分化されて労働は分業化し、学問や制度も専門化して複雑になった。かつては一つにまとまっていたものも、いまではまとまりなくばらばらになってしまった。

たしかに近代の西洋では、他者との合意を形成するために、議論をして普遍的なもの作り上げようとした。だが、専門分野に閉じこもったままの科学は機能不全に陥り、そこで、学際的な総合科学や複合領域といった、総合学習のようなものを無理にこしらえてみせた。これによって、たがいのコミュニケーションを図るための媒体（メディア）は、わたしたちの日常生活にも浸透して、意思の伝達は早くはなったけれども、多様になった価値を統一して合意を形成するのは、そうたやすいことではなかった。

わたしたちは、他人を手段として用いるのではなく、対等なパートナーとして対話をするために、コミュニケーションを積み重ねて、利害関係を離れたところで普遍的な意志を獲得しようとした。そのとき、一つの社会が二つの異なった姿で描き出される。一つは、特定の目的に奉仕する合理的なシステムを構築する社会であり、もう一つは、自由なコミュニケーションを図る開かれた社会である。現実の社会は二つの姿をとりながら、両者は日常の世界のなかで一つに溶け合っていく。

グローバル化された現代社会は、マルチカルチュラリズムの様相を示しているといえばかっこはいいが、これは現代社会が二つの異なった顔をもっているだけのことだろう。一人ひとりの人間が自立しているべきだという近代的な価値観を一方で唱えながらも、他方では、個々のネットワークをつなぎ合わせただけのインターネットのように、散在しながらも複雑にからみあう網のなかに、わたしたちはつなぎ止められている。

この世界では、わたしたちは一人では自分と他者との関係を制御することも支配することもできない。わたしたちは、一方では、身体で触ってはじめてわかるような、繊細でナイーブな自然の感覚を持ち合わせながら、他方では、自分と他人を冷静に比較しては、同じ権利をもった対等な市民として、たがいを認めあう理性的な意識を働かせている。

今日的な議論の場では、自由主義（リベラリズム）と共同体主義（コミュニタリアニズム）との論争となって現れてくるものも、生活の場面では、自然な感情と冷静な理性のぶつかり合いとなって現れてくる。たとえば、家族という身近な人間を大切に扱うべきなのか、あるいは、すべての人間を公平に扱うべきなのか。自然な感情に従うならば、わたしは人間として普遍的な義務をなおざりにすることになるだろうし、かといって冷めた理性に従えば、個人的には大切なかけがえのない身内を見捨てざるをえないだろう。

だが、自由か共同か、わたしたちはもはや思い悩む必要もない。新自由主義的な資本主義社会では、わたしたち人間は、自分たちが作ったものによって、いつでも交換可能な商品として客体化され、物と化しているからだ。人間は、特殊なもの、異質なもの、ローカルなものをいっさい認めない社会のなかへ、同一化の原理によって囲い込まれてしまっている。これがグローバリゼーションの描き出す世界地図である。

一人ひとりの個性を大事にしよう、などという甘えた考えに浸っている余裕はすでに失われてしまった。個人のプライベートな生活空間も隅から隅まで監視され、管理されて制度化され、そして商品化される。制度や商品は、個人の内側に入って人間をコントロールし、人間の欲求や願望を果てしなく生みだしていく。

制度に従った正しい生活とは、わたしたち人間がみずからに課したルールを守ることである。規則を守らないものや守れないものは、集団生活に適さないものとして、わたしたちの社会からは排除されて脱落していく。アルバイトやパートに、フリーターからニートまで、すべての非正社員に失業者をも含めてプレカリアートと呼ぶのも、じつのところは、乗り損ねて同化されなかった負け組の連帯なのかもしれない。新自由主義の流れに乗ることのできなかったものの権利や要求は、ローカルな訴えとして響きわたったとしても、そのままの形で実現されることなどありえない。マージナルなものを積極的に支援していこうという見解があったとしても、社会の多数を占める権力システムに対して異論を唱えることはむずかしい。

グローバリゼーションは、あらゆるものを市場経済の原理によって測ろうとする。世界中にはりめぐらされたネットワークは、人間同士のコミュニケーションを促進するのでも、情報の流れをよくするのでもない。むしろそれは、わたしたちに一つの錯覚をもたらすだけなのだ。すなわち、一人ひとりは違っていても、すべての人間はその違いを超えてどこかでつながっているのではないか、という錯覚である。だからこそ、ある特定の価値が広く一般にも認められて、あっという間に世間で受け入れられるのである。

そうであれば、グローバル化の時代にあっては、社会におけるわたしたちの議論がどのようになされ、そこでどのように合意が形成されているのかも、しっかりと見定めておかなければならない。

7 市場における議論のゆくえ

近代の西洋において確立した公共性の概念も、根っこを掘り下げれば、共通のテーマについて自由に議論しあう人間同士のことを指しているのだろう。公開で行われる討論によって多様な主張がなされ、たがいに批判がなされたとき、学問が生まれ、政治の民主化がもたらされた。たがいに批判しあうようになれば、だれでもみずからを省みざるをえない。他者への批判は自己への批判となって跳ね返ってくるからである。開かれた場で自由に批判しあったり、意見を戦わせて議論をしたりするよりも、自然な感情を大事にすることもできるだろうが、しかし、あくまでもことばを交わすところに踏みとどまって、議論を通して自分を鍛えていくことが、西洋の近代に確立した理性の強さであった。

とはいっても、グローバリズムがもたらした多元主義の状況のなかでは、理性的な議論を手放しで褒めたたえることはできない。というのも、議論の前提となる理性そのものが自己批判的なのだから、議論それ自体のもつ限界も指摘されることになるからである。なるほど、議論が成り立たなくてもコミュニケーションを図ることはできるが、しかしそれは、グローバリゼーションを振りかざすだけの暴力的な命令にすぎないか、あるいは逆に、ローカリズムを盾に取った沈黙にすぎない。

たしかに、議論を始めるときには、同じ人間だから話せばわかるものだと、たがいに信じ込んではいる。そればかりか、解決すべき問題を共有してもいる。問題を共有してはじめて、問題の解決を求めて議論を始めることができるからである。議論をするとは、手を携えて、問題の解決へ向けて一歩一歩近づいていくことである。

だが、意見が対立して議論が前へ進まなくなることもある。そもそも議論自体が成立しないことさえある。たとえば、主張が対立したまま、たがいに自分に都合のよいことだけを述べ立てて、議論がいつまでも平行線をたどる場合である。それぞれの主張が基本的なところで対立したときには、ではいったい、わたしたちはどのようにすればよいのだろうか。

まず求められるのは、相手に対する寛容な態度である。だが、相手の考えを尊重するといっても、それは相手の考えに同意することではない。考えを否定したり、発言を阻止したりすることでもなく、相手とまじめに話しあうことである。そして、議論が行き詰まったときには、相手の考えが正しいのかもしれないという可能性を認めることである。これが寛容な態度というものである。

では、寛容な態度で相手に接すれば、相手の言うことも理解できるのだろうか。そして、自分の考えを十分な根拠をもって相手に説明することができるだろうか。ひょっとすると、常識だと思い込んでいて、理由を説明しないで済ませてしまうことはないだろうか。そのようなときには、いくら議論を続けても合意に達することはできない。

また、立場が違うのだから合意が得られるはずはない、とはじめから考えてしまうことはないだろうか。立っているところが違うのだから、同じものも違うように見えてしまうし、考え方も異なってくるのだ、というものである。こうなれば、自分とは異なる考え方を受け入れることはできない。

だが、グローバルに開かれた議論の場では、好き嫌いにかかわらず、人はみな他の人とかかわり、文化は他の文化と接触することになる。たがいの批判を通して自己を省みるならば、ときには自己をも批判せざるをえないだろう。自分を反省することのできる自己批判的な人や文化は、他の人や文化からの批判をも積極的に受け止めて、受け入れることも、またそれに反論することもできる。

そして、たとえ他の人間や文化を批判するにしても、批判はつねに人間や文化という有限な立場からのものにすぎない、ということも自覚しているはずだ。考えを突き詰めていけば、どうしてそうなのかをそれ以上は説明できないところにまで達することがある。そして、意見が対立しているときには、説明できないのであれば、自分の立場も正当化できていないことになる。

相手を説得しようとして、あるいは、自分を納得させようとして、わたしたちは最終的な根拠を探し出そうと努力する。だが、議論を押し進めていけば、わたしたちは最終的な根拠を持ち出すことができないところにまで行かざるをえない。ということは、開き直って考えてみれば、多元的な価値を尊ぶ現代においては、最終的な根拠の欠如がかえって、自己中心的な考え方への批判ともなり、自文化中心主義への批判ともなりうるのではないだろうか。そうであればまた、文化の多元主義や相対主義が現代社会を支配するモードとなったのもうなずける。

市場経済が支配する社会では、物が商品となって売買されるだけではなく、人も労働力となって売買されていく。商品や人材の売買を行う市場は、今日では、人間が個人として、そして人類として生きていくために、もっとも重要な社会となった。楽天市場やヤフーオークションをのぞけば、市場では自由な取り引きを可能にするような公共の場がすべての人に開かれているように見える。そして、だれもが自由に参加でき、対等に取り引きできる市場でこそ、公共的な議論が実現しているかのように見える。

資本主義が世界中に広まるに伴って、市民的な公共性も成立した。国家を単位とした資本主義化をはるかに超えて、現在の資本主義経済は世界的な規模でのグローバリゼーションの時代に突入した。それによってグローバルな公共性が形成されるとするならば、開かれた自由な議論の場においてこそ、相互批判と自己批判を繰り返しながら、人は他の人との交わりを、文化は他の文化との交流を深めていくほかはないのであろう。

8　グローバリズムとローカリズム

これまでわたしたちは、よく生きるとはどのようなことなのかを考え、そのためには何をなすべきなのかを考えてきた。道徳や倫理は、わたしたち一人ひとりが、他人に対してどのように振る舞うべきなのかという教えであった。わたしたちは、みずからの姿を振り返って、自分の行いを反省したり、他人の目を気にして、周りを見回したりする。

電車のなかでは知らない人と接することもあれば、学校や会社では嫌なやつとも付き合わなければならない。そのようななかで、他人とうまくやっていくためにどうすればよいのだろうか。モラルやマナーを問題にするのも、人間が他者とともに生きているためだろう。

人について考え、そして人と人とのあいだについて、わたしたちは考えてきた。他者との関係を考えるという点では、道徳も倫理も人間社会のありようを反映している。人間の社会もしだいに拡大してきた。わたしたちはまず、一人の人間としてどのように生きていくのかという哲学的な問題を抱え、つぎに、周りにいる他者といかに付き合っていくのかという倫理的な問題と向きあい、そして、わたしたちの周りにいるすべてものについて、いや応なしに考えなければならなくなった。

問題となっているのは、人と人、人と物との関係である。考えるべき問題の範囲は大きくなったが、考えるべきことが大きくなればなるほど、わたしたちは自分が立っている足下を見つめ直さなければならない。人間は、自分の足下を見つめてはみずからを省み、さまざまな感慨を抱きながら天上を見上げるものだ。

このとき、わたしたちのなかにグローバルなものとローカルなものが共存しているのであれば、同じように、わたしたちの社会のなかにも、グローバルなものとローカルなものが共存しているはずだ。

二つは、あるときには反発し、あるときには接近しあう。地域の反対を押し切ってグローバルなものを押しつけることはできないし、逆にローカルな利益だけを求めて地球全体のことを顧慮しないのももはや許されない。わたしたちの社会は両者のあいだを行ったり来たりしながら、バランスを保とうとしている。「グローカル」ということばが生まれたのもそのためだろう。

では、グローバリズムとローカリズムはどのように結びついているのだろうか。両者が対立しているだけであれば、グローバルな基準がローカルな事情を圧倒したときに、すでに対立は終わってしまったはずだ。だが、グローバリゼーションが進んだところで、ローカルなものが消え去ることはなかった。標準語を話していても方言が抜けきらないように、英語で話していても日本語のアクセントが抜けきらないように、どこに住んでもいても、わたしたちには地域の特性がにじみ出てくる。東京に住んでいても京都に住んでいても同じことだ。どちらも一地方都市にすぎないのだから。どこにいても、わたしたちはローカルなものから逃れることはできない。だとすれば、地域のなかでみずからの生を実現していくしかないだろう。

グローバリゼーションとは、地球規模の広がりをもつという意味であった。ある地域で生まれたものが世界中に広まっていくのであれば、基準が変われば、グローバルなものも変わっていくはずだ。そういう意味では、グローバルなものといっても、その出自を調べてみれば、あくまでもローカルなものなのであろうか。

おわりに

本章では、わたしたちが置かれている思想状況を、グローバル・エシックスという観点から検討してみた。

かつては、西洋の思想は絶対的なものという存在についてのディスクールとみなされていて、そこにはすでに、現代ではもはや大きな物語を語ることができないこと、頼りとなるような絶対的な存在が見失われ、かといってそれに代わるものも見当たらないことが、暗黙のうちに了解されていた。このような時代にわたしたちが生きていかなければならないとすれば、それではいったい、わたしたちは何を頼りに生きていくことができるのだろうか。そしていま、わたしたちは何をなすことができるのだろうか。さらにこれから、どこに向かって、何をめざして生きていけばよいのだろうか。

頼りになる基準もなければ、生きていくための指針も支えもない。そのような手がかりのない時代とは、しかし可能性としては、何でもできる時代であるともいえる。少しまえであれば、ポスト・モダニズム的状況と呼んでいたかもしれない。いまの世の中であれば、能力に応じた自由競争というグローバリズムがわたしたちを飲み込もうとしている新自由主義の時代と呼んでもよいだろう。時代状況をこのように分析することができるとすれば、ではそうした状況に対して、わたしたちはいま、どのように対応することができるのだろうか。目を閉ざして流れに身を任せることもできるだろうし、あるいは、大きな声を出してそれにあらがうこともできるかもしれない。

わたしたちが置かれている不安定な状況をこのようにとらえたうえで、本章では、つぎのように問題を設定してみた。現代日本の精神的な状況について、ここでいま、わたしたちは何か語るべきものをもっているのだろうか。もし外に向かって大きな声で語ることのできるものがあるとすれば、あるいは内に向かって静かに語ることのできるものがあるとすれば、両者を交えてみることもできるだろうし、そのときには、複数の世界がたがいに介入しうるような、知のクロスワールドを形成することができるだろう。あるいは、グローバリゼーションのなかで、インターカルチュラル・スタディーズとでも呼ぶことのできるような、新たな超域研究を立ち上げることができるかもしれない。

では、グローバリズムとローカリズムとが激突するこのような場面で、芸術・哲学・宗教というようなヨーロッパから入ってきた学問は、どのようなスタンスを取りうるのだろうか。

ここには四つの可能性が考えられるだろう。まずは、伝統文化を引き受けるという歴史的な態度であり、つぎに、文化の基盤や思想の構造をクロスさせるという体系的な位置である。そして、文化交流へと積極的に参加していくという実践的な姿勢と、将来を見据えながらみずからの進むべき方向を定めていくという理論的な立場である。基本となるスタンスは、西洋の文化をベースにしながらも、日本の文化がそれにどのように反応してきたのか、さらにそこから何らかのカウンターパンチを与えることができるのか、というところにあった。

このような関心から問題の核心に迫っていくことができればよいのだが、そのためにも、思想や文化の比較から対話へ、文化交流から異文化間のコミュニケーションへ、そして、対話や議論から共生や衝突へと進んでいくような手順で、本章の考察はなされた。総じて、インターカルチュラル・フィロソフィーとでも呼べるような、グローバル・エシックスという題名には、このような意味が込められている。

自分の足元をしっかりと見つめながら、個人のモラルを超えて宇宙の果てまで見通すことのできるほど、そして世界の終わりを見届けることができるほど大きく目を見開いて、わたしたちはいま何をなすべきなのか、そして何をなすべきではないのかを考えることができれば、それがグローバル・エシックスにほかならない。

外国に行ってもマクドナルドでハンバーガーを食べて、まったく同じ味がするといって感心してみたり、日本と同じように子どもたちがマクドナルドで誕生日のパーティーをしているのを見て、グローバリゼーションを実感したりするのもよいだろうが、しかしこのときに、床に落ちたハンバーガーのくずを拾い集めて食べている子どもたちがいることも考え合わせてみたい。

参考文献

ハンス・キューン／カール・ヨーゼフ・クシュル編『地球倫理宣言』吉田収訳、世界聖典刊行協会、一九九五年。

ピーター・シンガー『グローバリゼーションの倫理学』山内友三郎・樫則章監訳、昭和堂、二〇〇五年。

石崎嘉彦ほか著『グローバル世界と倫理』ナカニシヤ出版、二〇〇八年。

寺田俊郎・舟場保之編『グローバル・エシックスを考える――「九・一一」後の世界と倫理』梓出版社、二〇〇八年。

寄川条路編『グローバル・エシックス――寛容・連帯・世界市民』ミネルヴァ書房、二〇〇九年。

第6章 人文学とリベラルアーツのゆくえ

1　大学入門講義の導入

最近の大学は、ゆとり教育で育った子どもたちの学力を補うために、入学前の春休みを利用して「大学入門講義」という科目を開講し、新入生を手厚くもてなすようになった。大学ではこれを「入学前教育」と呼んでいる。

さらに昨今では、先取り教育といって、大学の先生たちが高校に出向いて行って、大学入門講義をするようにもなった。この場合、大学入門講義といっても、大学一年生向けの講義ではなく、高校三年生向けの講義なので、これを「出張講義」と呼んだり、「出前授業」と呼んだりしている。

なぜそんなことを大学の先生がするのかというと、それは、大学の先生が高校に出向いていって大学の宣伝をし、最終的には高校生を受験生として大学へ連れてくるためである。大学の教員はまずは附属校や系列校へ行き、つぎに推薦入試を行う指定校へ行き、そして近隣の高校へと出向いていく。

大学にはいくつもの学部があるので、大学によっては、学部に加えて共通科目を担当する部署からも出向いていく。学部というは、文学部、法学部、経済学部、国際学部、理学部、工学部など、学生と教員からなる組織のことで、学生は入学時にすでにある一つの学部に所属している。

それに対して、学部にかかわりなく、大学全体の学生を相手にする部署を教養部と呼んでいたが、いまでは格下げになったので、教養センターと呼ぶところもある。教養部は、大学全体の共通科目を担当する教員の組織なので、所属の学生はいない。

高校で行われる「大学入門講義」は、複数の学部に教養部を加えた、数名の先生たちが高校に行って講義をしてくるものなのだが、担当してくれる大学の先生には受け入れ先の高校から講師料が出るだけではなく、送り出す学部にも大学から補助金が出るというので、どの学部も競って大学入門講義に参入してきた。

では、どうやって学部を決めるのだろうか。まずは、受け入れ先の高校の生徒にアンケート用紙を配って、どの学部の入門講義を受けてみたいかを聞いてみる。そのうえで、人気のある学部から順番に高校に出向いていくことになった。アンケートの結果は、高校生の関心を、ひいては受験生の関心をはっきりと物語っているはずだ。

大学の授業を受けてみたい学部は、ある大学では、一番人気は国際学部で、最下位が文学部だった。そしてさらにその下に教養部があったのだが、高校生の関心とは、実際のところこのようなものなのであろうか。

今年から「大学入門講義」が始まるということで、教養部の教員である筆者は、高校生にもぴったりの大学入門講義用の教科書『教養部しのろ教授の大学入門』(二〇一四年)を作ってみたのだが、出だしからつまずいてしまったのだった。

2　若者の夢と希望

子どもの受験を経験して、幼稚園と小学校の受験は「親の受験」で、中学校の受験は「親子受験」だと思った。そして、高校と大学の受験は（親の手から離れた）「子どもの受験」だと思っていた。

ところが、子どもが高校に進学して大学受験の準備を始めると、どうやら様子が違うことに気づいた。いまの大学受験は、わたしたちが大学受験をした三十年前とは状況がかなり違っていて、親子が二人三脚でゴールをめざす「親子受験」というのだ。

そこで、高校や予備校では保護者向けの説明会も開かれているわけで、説明会では、ざっくりと昨今の大学受験状況の話があり、その後の面談では、子どもが希望している大学や学部だけではなく、保護者が希望している大学や学部も聞かれたりもする。予備校での話によると、大学を卒業している親であれば、たいていは自分の子どもに母校を勧めるそうだ。

筆者の子どもは文化系の私立大学の附属学校に通っているので、希望は私立文系の大学と伝えておいたが、もっと具体的にと聞かれたので、高校生の子どもはみずからが抱いている将来の夢を語っていた。

将来の夢は、いまどきの女子学生とまったく同じで、大学で英語を勉強して、卒業後はＣＡになりたいというものだった。ＣＡというは、キャビンアテンダント（客室乗務員）のことで、昔風にいうとスチュワーデスになる。ＣＡは美人限定だからわが子には無理だろうと思ったのだが、そんなことは面と向かっては言えない。

本人としてはいたって真面目で、国際線のＣＡになるのが夢らしいが、夢物語はさらに続いていて、白馬に乗った王子様ではなくファーストクラスに乗った社長さんに見初められて、最終的には、めでたく結婚して専業主婦になりたいのだという。

つまりは、自分で働かなくても楽をして生きている（ように見える）母親のようになりたいわけで、高校生の希望としては何とも情けないのだが、将来の夢はこんなところだった。

そこで、希望の大学と学部は外国語学部系の大学もしくは学部で、専攻はエアラインコースにしていたが、エアラインコースというのは、ちょっと曲者で、というよりも水物なのだが、そのときの経済情勢によって就職の難易度が大きく変わり、それに合わせて大学入試の動向も変わってくるのだという。飛行機の離着陸のように、上昇していく場合もあれば、もちろん下降していく場合もある。

ちなみに、勤務先の大学では毎年、新入生の意識調査をしているが、女子学生の希望はおおよそこのとおりで、第一希望はＣＡ、第二希望は女子アナ、第三希望は専業主婦といったところだ。これが男子学生だと、第一希望は公務員、第二希望は銀行、第三希望は証券会社となる。安定した職業を好むのか、将来の夢はぐっと小さくなるようだ。

3 大学受験の志願者状況

ここで、大学受験の志願者状況を確認しておきたい。昨今の一般的な傾向としては、国公立大学の志願者が減少しているにもかかわらず、私立大学の志願者は全体としてみると増減がなく、よく健闘しているといえる。

地域別に見ていくと、都市部にある有名私立大学の志願者が地方の中堅私立大学に流れ込んでいて、全体としては、私立大学の志願者は差し引きゼロとなっている。

学部別に見ていくと、志願者の人気が「文低理高」となっているのは予想がつく。文低理高とは、文化系の学部の人気が低下して、理科系の学部の人気が上昇しているということだ。なかでも、もっとも大きく志願者を減らしているのは、国公立大学の教育系の学部であって（前年度比で一〇パーセント減）、逆に、志願者を大幅に増やしているのが、私立大学の医療系の三学部、つまり医学部、歯学部、薬学部である（前年度比で一〇パーセント増）。大学と学部をより詳細に見ていくとつぎのようになる。

まずは、人気下降学部で目立つのは、しばらくまえにできた学部で、すでにピークを越えてしまった学部だ。つまりは、上昇して水平飛行に移り、しだいに下降してきた学部のことで、人気に陰りの出てきた学部には二つある。一つは情報系の学部で、もう一つは環境系の学部である。いずれも新味がなくなって、人気が頭打ちになってきたといえる。

では逆に、人気が上昇している学部、これからも上昇していく学部はどこだろうか。まずは医療系の学部で、つぎに理科系の学部、理学部・工学部・農学部が順調だ。

文化系の学部で志願者が増えているのは希有な存在なので、名指しで紹介してもよいだろう。ここから、「人文学とリベラルアーツのゆくえ」という本章の主題に入っていく。文化系の学部はのきなみ志願者を減らしているものの、例外的に志願者を増やしている学部とは、国際教養系の学部のことである。

大学としては、秋田県にある公立大学の国際教養大学（ＡＩＵ）が注目株で、学部としてはいくつかあって、古いところでは国際基督教大学（ＩＣＵ）の教養学部、新しいところでは、早稲田大学、上智大学、獨協大学、創価大学、中京大学などの国際教養学部が挙げられる。

さらには、国際教養学部と同じカテゴリーに入るものとしては、名まえをカタカナにした学部がある。すなわち、リベラルアーツ学部のことで、桜美林大学のリベラルアーツ学群、玉川大学のリベラルアーツ学部などがそうである。これに法政大学のグローバル教養学部も加えてもよい。

ではいったい、国際教養系の学部とはどのような学部なのだろうか。

4　国際教養系学部の特徴

リベラルアーツ学部、グローバル教養学部など、国際教養系の学部には共通する特徴がある。それはつぎに挙げる三つの点である。一、英語コミュニケーション能力の重視、二、異文化理解の重視、三、広くて浅い教養の重視である。以上の三つは大事な点なので、一つずつ見ていきたい。

一　英語コミュニケーション能力の重視

英語のコミュニケーション能力を重視するとは、英語を学ぶのではなくて、英語でコミュニケーションすることを学ぶという発想である。だから、大学で学ぶ科目は、英文学ではなくて英語教育学である。

英語でコミュニケーションを学ぶために、まずは、ネイティブ教員を多く配置して、ネイティブ教員と日本人教員とのチーム授業を多く設置する必要がある。大学や学部によっては、ほとんどの授業が英語で行われていて、日本語の授業は外国人留学生のための日本語講座のみというところもある。

つぎに、入学試験とは別に、入学直後にトーイック（国際コミュニケーション英語能力テスト）やトーフル（アメリカ留学のための英語学力検定テスト）を使って、新入生の英語コミュニケーション能力を測る必要がある。

そして、英語の授業を効率よく行うために、予備校や塾のように能力別のクラス編成を導入する。四月の第一週に英語テストを行い、第二週から能力別クラス編成による英語コミュニケーションの授業を始める。

英語コミュニケーション能力を重視するさい、基本にあるのは、英語はもはや外国語ではなく「世界共通語」(リンガ・フランカ)だという認識である。これは、英語を中心に据えて、その両脇に「自国語」と「外国語」を配置する「三言語主義」にまで進んでいく。共通語としての英語と、自国語としての日本語だけは必修科目で、それ以外のもう一つの言語が外国語として選択必修化される。したがって英語と日本語を公用語とするバイリンガル教育に、プラス一言語となる。

しかし、ここにはいくつかの問題がある。そのうち、二つだけ指摘しておきたい。

一つ目の問題は、世界共通語の賞味期限である。現在のところ、英語が世界の共通語であるのは間違いないのだが、この事実は将来的には何ら保証されていない。かつて、共通語がラテン語からフランス語へ、そして英語へと変わっていったように、三十年後には、共通語が英語から他の言語に変わっているかもしれない。少なくとも日本を含む東アジア地域では、英語に比べて中国語の比重が相対的に大きくなっているのは想像に難くない。

二つ目の問題は、より原理的な問題である。英語を共通語として教えたり、共通語として学んだりするのはよいことなのか、という問題である。つまりこれは、英語中心の語学教育が望ましい世界の構築に向かっていくのか、という問題である。

たとえば、国際連合には一九三の国が加盟していて、六つの公用語（英語、フランス語、ロシア語、中国語、スペイン語、アラビア語）が認められている。さらに欧州連合（ＥＵ）には二十八の国が加盟していて、共通語を設定しないで、二十三の公用語がすべて認められている。このように、各国の平等と多言語主義にもとづいて、それぞれの国が自国の言語を使用していく可能性はないだろうか。各人がその国の公用語で発言し、それを他国の言語に翻訳していくシステムを導入するわけである。

なるほど、複数の公用語を認めてしまうと、翻訳と通訳に膨大な費用と時間がかかるのだが、しかしここではじめて、そのための外国語教育も必要となってくる。複数の公用語を認めることによってのみ、英語以外の語学教育の必要性が生じてくるし、英語以外の外国語教育の存在意義も生まれてくるのではないだろうか。

これを言い換えると、日本の大学にドイツ語やフランス語や中国語や韓国語の科目が必要となり、その科目を教えてくれる先生が必要となるということだ。逆に、多言語主義を導入しないかぎり、英語以外の言語は滅んでいくだろうし、日本語もその例外ではない。

ではつぎに、外国語教育を重視するのはなぜなのかを考えてみよう。

二　異文化理解の重視

日常の生活で英語を使う機会が少しでもあれば、英語を学ぶ意義もそれなりに理解できるのだが、そうでもなければ、英語を学ぶ必要はどこにあるのだろうか。差し迫った必要がないにもかかわらず、日本で英語を学ぶのはどうしてかというと、それは、日本の外を眺めるためであったり、日本を外から眺めるためであったりする。すなわち、自分以外の視点に立って物事を考えるためであるといわれる。

自分を相対化して客観的に見るという、こうした考え方を推し進めていくと、自国内にとどまらず、国際的な視野で物事を考えるところにまで到達する。今日では、このような考え方をグローバルな視点と呼び、そうした考えにもとづいて教育を推し進めることをグローバル・スタディーズと呼んでいる。

地球的な規模で考えていくと、従来のように、国別に行われてきた地域研究にとどまるべきではなく、たとえ日本に視点を定めるにしても、異なる文化への理解を促すことによって、地域研究も「国際日本学」になるはずだし、そして、そこから境界線を越えていこうとする「インターカルチュラル・スタディーズ」となるはずだ。それはまた、エアラインによって人や物がたやすく国境を飛び越え、インターネットによってお金や情報が行き交うのと同じことであり、こうしたトランスナショナルな学問を、広い意味での「ツーリズム」と呼んでもよい。

ただし、ツーリズムといっても、それは観光業に収まるものではなく、「交流文化学」(トランスカルチュラル・スタディーズ)とでも呼ぶことのできるような実践活動であって、つまりは、人の移動によって生じる出来事のすべてをツーリズムは指しているといえる。国境を越えたところで、人と人が接触して複数の文化が混じり合い、新しい価値を生みだすとき、そこに生じるトランスナショナルな文化をグローバルな視点から見つめ直す作業を、ツーリズムと呼んでもよい。

大学によっては、異文化を理解するために海外留学が義務づけられていたり、海外インターンシップが用意されていたりするのもこのためである。あるいはまた、世界各国の大学との単位互換制度を導入して、卒業要件の単位認定のなかに組み込んでいるところもある。これはなぜかというと、日本にいるかぎりはインターナショナルなコミュニティーを形成するのはむずかしいからであり、いくら日本の大学で英語を学んだとしても、日本の社会にいるかぎりは国際化にはならないからである。ではどうすればよいかというと、もっとも簡単な方法としては、日本から外国に出て行って自分をインターナショナル・コミュニティーのなかに置き、そのなかで日本人としてのアイデンティティーを自覚することである。こちらから外に出て行けば、いやでも国際化せざるをえない。

逆にいえば、こちらから外に出て行かないかぎりは、国際化はなしえないのである。そうでなければ、世界中から留学生を日本の大学にかき集めてこなければならないだろう。以上が、みずからを「グローバル・スタンダード」(世界基準)とする、国際教養系学部の二つ目の特徴である。

三　広くて浅い教養の重視

国際教養系学部の三つ目の特徴は、専門科目と専門科目のあいだにある学際的で複合的な科目を設定して、コース横断型の学習を推奨する点である。すなわちこれは、狭くて深い専門ではなく、広くて浅い教養の推奨であるともいえる。

このために学科やコースに設置される科目を二重、三重に重複させて開講し、しかも分野ごとに必修科目と選択必修科目を数多く設置する。したがって、結果的には自由選択科目が少なくなり、少人数教育を行いながらも開講科目数と担当教員数を削減することができる。つまりは、効率のよいクラス編成と学校経営ができるというわけだ。

ここには授業形態の変化も見て取れる。これまでよく行われてきた多人数の講義ではなく、少人数の演習や実習によって学生が受け身にならないように配慮しながら、自分で自分をコントロールする自律型の学習方法が重視される。たとえば、文献講読やディスカッションという教室内の授業から学生を解放して、実地調査やフィールドワークを導入するのもそのためだ。まずは現場に行ってみて、自分がいまいるところがどのようになっているのかを見てみる。ボランティア活動はまさにその一例だろう。

ここで注意したいのは、授業形態の変更とともに導入された評価システムの変更である。これには三つあって、ＧＰＡ制度とＣＡＰ制度と履修中止制度の三点がセットになっている。

まずはGPA制度だが、これはグレード・ポイント・アベレージの略語で、成績評価制度のことだ。履修した科目の成績を五段階で評価して平均値を出したもので、進級や就職活動にかぎらず奨学金の申請などのさいに必要となる成績証明を意味している。GPAのなかには不合格の科目も〇点として算入されるから、学生にとっては手抜きができない。従来は合格した科目数や「優」の数を競っていたが、いまでは、履修登録した科目の平均値を出すので、たくさん履修すればよいというものでもない。平均点を上げるためには、どの科目もよい点数を取らなければならないのである。

つぎに、CAP制度とは、フタを意味するキャップのことで、履修登録の上限設定を意味している。つまりは、履修登録できる単位数の上限をあらかじめ定めておく制度である。授業のための予習と復習の時間を十分に確保するために、時間割に余裕を持たせておくというのが表向きの理由である。CAP制度が導入されると、余分な履修登録が認められないことになるから、学生のほうからすれば、とりあえずは登録しておくといった保険登録もできなくなる。

そして、GPAとCAPの導入と引き替えに導入されたのが「履修中止制度」である。これは、履修登録はしたけれども授業に付いていけないからという理由で、あるいは授業に関心がなくなったからという理由で、学期中に登録を取り消すことができる制度である。こうすればGPAに傷が付かないですむわけだ。

ちなみに、GPA制度は約半数の大学で導入済みだが、CAP制度と履修中止制度はまだまだ少ない。日本の大学を卒業するためには最低でも一二四単位を取得しなければならないから、一二四単位を四年間つまり八学期で割ると、一学期に平均十五・五単位は取得しなければならないことになる。したがって、一学期に十六単位以下に履修登録を制限すると、卒業に必要な単位を四年間では取得できない学生がたくさん出てくることになる。

国際教養系の学部では、授業内容にも特徴があって、基礎的な知識や技術を学習するにしても、はじめに到達目標がはっきりしていて、コアとなるカリキュラムが立てられている。たとえばそれは、人間・社会・自然といった単元ごとの学習ではなく、人と人をつなぐ科目であったり、人と知をつなぐ科目であったりする。

学習の重点は、人間と自然の接点を探り、人間と社会のネットワークを築くことに置かれる。つまりこれはどういうことかというと、これまでの教養教育の柱であった「人格」の確立とか、一人ひとりの人間を「個人」として尊重するとか、人間の成長の完成をめざすとかいうのではなく、むしろ、人と人との「橋渡し」をするところへ目標設定が変えられたのである。

とりわけミッション・スクールに多いのだが、カリキュラムの中心に他者との共生を唱えるボランティア学が設置されている。宗教色を排していうと、人間と人間をつなぐ科目が情報学となり、人間と自然をつなぐ科目が環境学となる。インターネットは、人と社会をつなぐツールとなる。

ボランティア学にしても情報学や環境学にしても、いずれもネットワークの学問で、「あいだ」の学問といってもよい。どのような学問領域を学ぶのであっても、そこでは、既存の学問の境界線を乗り越えることがめざされる。したがって、学問分野の垣根を超えた幅広い学習を可能にするアメリカ流のリベラルアーツ・カレッジを模範にして、広く学問の土台を築いたうえで専門を学ぶという手続きを取る。

こうした考え方は、哲学に引き付けていうと、批判的思考力の育成を図るクリティカル・シンキングにも通じている。それはどうしてかというと、わたしたちがいぜんとして世の中の常識にとらわれていて、周りの空気を読んで世間に合わせたり、目立たないように他人の顔をうかがったりして、常識にがんじがらめにされているからである。

学生であれば、クラスの多数が賛成しているときに、手を挙げて反対意見を述べるのはむずかしいし、同じように、教員であれば、教授会で多数が賛成しているところで、一人だけ反対するのもむずかしい。凝り固まった頭をほぐして、世間のしがらみを解き放つのがリベラルアーツだろうが、そのためには、わたしたちがわたしたち自身に対して批判的になって考えてみる必要がある。

教養とは、わたしたちが自由になるための学問であり、みずからを解放するための芸術であり、技術なのだ。

以上をまとめると、二十一世紀に求められる新しい教養と教養教育とは、幅広い知識を持って、自国をも含めた多様な文化や考え方を持つ人々と、豊かで深いコミュニケーションを可能にする能力であるいえる。一言でいえば、教養とは、自分の殻を破って外に出るための勇気、はじめの一歩を踏み出すための底力である。そして、このような新しい教養を「グローバル・リベラルアーツ」と名づけてみたい。

では、なぜいま、このような底力が大学教育に期待されているのだろうか。

5　なぜいま、国際教養系の学部なのか

教養教育にとって大事なのは、受験生に人気があるのはどこの学部なのか、ということでもなければ、受験生を集めるためにはどのような学部を作ればよいのか、ということでもない。そうではなくて、なぜいま、文化系の学部のなかで国際教養系の学部だけが志願者を増やしているのか、ということである。

答えはとても単純で、受験生は入りやすくて出やすい学部を選んでいるにすぎない。つまりは、入口が広くて入学しやすい学部、出口が広くて卒業しやすい学部を受験生が欲している、ということである。

一般的に受験生が大学を選ぶ基準は三つあって、その基準を説明するとつぎのようになる。受験生

にとってもっとも大事なのは、大学のある場所であって、どこに通うのかということである。つぎに大事なのは偏差値であり、自分の学力で入れるのかどうかということである。そのうえで気になるのが校風であって、入ってみて自分に合うのかどうかということである。

これらに加えて最近では、受験生というよりも保護者がきっちりと見据えているのは、卒業後の進路、つまりは出口である。そこから振り返って見て大学の入口を定めていくのである。つづいて、卒業後の進路について考えてみたい。

国際教養系の学部が持つ特徴の一つ目は、文科系の学部のなかでは、大学院への進学率が低く、就職率が高いことである。理科系の学部では、修士課程を修了したあとで就職するケースが多く、理学・工学・農学系の学部では修士号の取得が普通になってきたし、医学・歯学・薬学の医療系の学部では学士号を取得するために六年間の修業が必要である。

文化系の学部では、大学院への進学率がもっとも高いのは文学部なのだが、事情は少し違っていて、就職したくないからとか、就職先が決まらなかったからという理由で大学院へ進学するケースも少なくない。これが高学歴ワーキングプアやポスドク問題の原因にもなっている。

これに反して、国際系や教養系の学部では大学院への進学率が低く、学部卒での就職率が高い。就職先のなかでも製造業への就職率が高いのがきわだった特徴である。製造業といっても、日本で製造したものを日本で販売する企業でもなければ、日本で製造したものを外国へ輸出する企業でもない。

そうではなくて、外国で製造して外国で販売するグローバル企業への就職が目立っている。

これには、大学での英語教育や異文化理解との関連があるものと思われる。企業が求めている大卒生とは、実践的な英語力、異文化への適応力、柔軟な思考力を持ち合わせた若者であって、専門家ではない。

特徴の二つ目は、応用の利く出口に加えて、入口のほうも柔軟だということだ。国際教養系の学部は、もとは文学部だったり、教養部だったり、短期大学部だったり、あるいは留学生別科だったりで、受験生を受け入れる敷居がきわめて低い。

国際教養系の学部は、入学時にまだ目標を絞れていない受験生を受け入れることのできる、懐の深い学部なのである。大学の入口も出口もはっきりと決め切れていない受験生向けに、国際教養学部やリベラルアーツ学部が、間口の広い学部として受け入れられているわけだ。

国際教養系の学部は、受験生からすれば、文学部のように文学に限られた（と見える）学部でもなく、外国語学部のように外国語学習に特化した（と見える）学部でもなく、文学や語学以外のものも広く浅く一通り学ぶことのできる学部と映っている。だからこそ、国際教養系の学部を志望する受験生は、他の学部を併願したうえで、あわせて受験するのである。

わかりやすく言えば、何を食べようかと迷っているときには、いろいろなものが少しずつ入っている「幕の内弁当」がよいのと同じことだ。受験生からすれば、いろいろなものが入っていれば外れが少ないと思ってしまうし、保護者からすれば、栄養のバランスが偏らなくてよいだろうと思ってしまうものだ。

偏らずにバランスよく栄養を取りたいというのが、広くて浅い何でも学んでおける学部、つまり、国際教養系学部の人気の理由となっている。間口の広さが、いまのところは、教養教育を救うことのできる唯一の可能性であるように見えるが、ただしこうした傾向はいつまでも続くわけではない。

早い時点で就業イメージを抱いている若者たちは、法学部や医学部のような出口のはっきりした学部をめざしていく。それに対して、教養系の大学や学部に集まってくるのは、とりあえず大学に入学しておけば、四年後には卒業後の進路が決まっているだろうと漠然とした希望を抱いている若者たちだ。

良いことなのか悪いことなのかはさておき、若者が人生の決断や就業イメージを先送りにしているかぎりで、専門学校化していない教養系の大学や学部が生き残ることはできる。これも柔軟な学生たちが就職先をえり好みしなければの話なのだが、しかしそこには深刻な問題もある。

グローバルとかリベラルとかのカタカナの名まえに引き付けられて大学に入学したのはいいものの、学部名だけでは何を学ぶのかがわからず、受験生が期待していたものと学部が提供できるものとのあいだでミスマッチが起こることが往々にしてある。つまりは、満足度が低いままで卒業してしまうという悲しい結果をもたらすのである。

6　令和時代の教養教育

ずいぶんまえのことだが、子どもたちが通っていた幼稚園に大きなおにぎりが置いてあった。正しくは、三角形の形をした大きな石が置いてあっただけだが、そこには「人間になろう」ということばが刻み込まれていた。もちろん、おにぎりを食べて人間になろうという意味ではなく、卒園するころには人間らしくなっているという意味だと思っていたが、しかし、本当の意味はそうではなかった。お隣の小学校に入学すると、小学校にも同じようなおにぎり型の石が置いてあって、そこにも「人間になろう」ということばがあった。そればかりか、中学校と高校にも、そして大学にも「人間になろう」ということばが書き記されていた。

つまりこれは、まだ人間になっていない園児だけではなく、小学校の児童から中学校と高等学校の生徒まで、そして大学と大学院の学生までを含めて、子どもたちをりっぱな大人に育ててあげようという学園全体の教育目標だったのだ。

「人間になろう」にしても、あるいは「全人教育」といっても、どちらも、学校教育の理念としては、大正デモクラシーの時代の人文的教養主義を受け継いだものといえる。つまりそれは、動物から人間になるとか、人類全体を教育するという意味ではなく、一個の人間を全体として完成するという教養教育の目標だったのだ。

「全き人間」を育てるのが学園全体の一貫した教育理念であって、そこでの教育目標が人間を作ることであるならば、人間が作ったもの、つまりは文化のことだが、これらの人間と文化をバランスよく学ぶ場が、幼稚園から大学までの一貫教育を施す学びの園ということになる。

したがってそこでは、学問だけではなく、道徳とか、芸術とか、宗教とか、身体とか、生活とかについて、それぞれの理想を備えた調和のある人間の育成が試みられる。これは、従来の伝統的な教育目標であった知育・徳育・体育に、芸術と宗教と生活を加えて、一個の人間の全体バランスを取ろうとした教育ともいえる。

つまり、教養教育というのは、個々の人間の持っている能力をバランスよく育てることであって、何か一つのことに偏ることなく、調和を求めてプロポーションを整えることである。これは、大正時代に生まれた、人文的教養主義の教育理念にほかならない。

何事にもとらわれずに、精神を解放して人間を自由にするというのが、リベラルアーツの教育理念であったとすれば、この教育理念を今日のことばでは「グローバル・リベラルアーツ」と呼ぶこともできるだろう。そして、もしそれが可能であれば、人文学もリベラルアーツも、そしてまた教養教育も、令和の時代において、大学の入口としても出口としてもしぶとく生き残ることができるし、またそれだけではなくて、学校教育の全体をリードしていくことも可能であろう。

参考文献

全国進学情報センター『栄冠めざしてFamily』河合塾、二〇一六年。
紀川しのろ『教養部しのろ教授の大学入門』ナカニシヤ出版、二〇一四年。
ベネッセ『マナビジョンブック保護者版』進研アド、二〇一六年。
リクナビ『高校生の保護者のためのキャリアガイダンス』リクルート、二〇一六年。

終章　新しい時代をひらく教養と社会

かつて、アメリカの政治哲学者、マイケル・サンデルの授業が「ハーバード白熱教室」というテレビ番組となって放送されていた。人気の理由は、サンデルが「これからの〈正義〉の話」をしたからではなく、千人もの学生たちのいる教室で授業をしていたからであり、巧みな話法によって学生たちを引き付けて、彼らと哲学的な議論を交わしていたからであったように思う。哲学的な問いが身近な話題となって学生たちに投げかけられ、これらの問いに学生たちが積極的に応答していた。

では、最後に、本書の最初に設定された問いに答えるかたちで、全体をまとめておこう。

一　教養のゆらいとゆくえ

教養のあゆみをたどることによって、教養がいま立っている位置とこれから向かっていく方向を探っていくと、教養主義の没落が唱えられて以来、かたちの定まらない教養は、いつの間にか、明確な姿を失ってしまったように見受けられる。これからどこへ向かっていくのかも、見通すことができなくなってしまった。教養の未来が見えてこないにしても、しかし、移ろいゆく教養のゆらいだけは、ゆるやかにたぐり寄せておくことができるだろう。ものを作る江戸の耕作から、心身を作る明治の修養、頭脳を作る大正の教養、施設を作る昭和の文化、友人を作る平成の会話まで、カルチャーの系譜をたどっていった。

二　人文主義の終わりと新しい始まり

教養主義的ヒューマニズムに代わって、コミュニケーションのための能力が教養の基礎に置かれるようになった。情報を伝達する回路が多様化した現代社会では、人間のモデルも他者とのコミュニケーションの様式へと分散化していき、かつての教養主義のような古典を設定することはむずかしくなった。わたしたちは自分で新しい自己形成の目標を見いださなければならないが、こうした状況下では不安は大きくなるけれども、他方で、権威に寄りかからずにみずからの理想を自分で発見することができるかもしれない。人文主義の終わりは新しい始まりともなりうる。

三　市民の権利と義務としての教養

教養としての政治は、自己統治にほかならないデモクラシーの姿を求めていく。市民の義務と責任、権利を前提として成立するデモクラシーは、人間性という普遍的な理念に支えられている。そのためにも市民は、啓蒙と教育により未成年状態を抜け出し、正しい判断を行える能力を身につけ、決断を下すための知識と情報の取得に努めなければならない。市民の義務は統治に関心をもち統治に参加することであり、これは現代の日本社会においても当てはまる。討議で声をあげ、合意の形成へ向かっていくデモクラシーでは、意見を異にするものであっても、討議を打ち切らずに語り合う場を確保しようとする。たとえ何が正義であるのかをはっきりと定めることができないにしても、それでも正しい方向に導くことが教養の使命である。

四　知識への懐疑と批判

知識への懐疑と批判は、教養ある人間が知識の収集家以上であるための条件を問うていく。啓蒙主義の時代より、知識人は教養の担い手として、啓蒙する代表的市民としてイメージされてきた。このような知識人のあり方について鋭い考察を展開した批判理論を手がかりに、知識人批判にある根本モチーフを際立たせてみよう。教養が知識の寄せ集め以上のものであるとするならば、それはなぜだろうか。こうした問題意識をつねに持ち続けた批判理論から、今日のわたしたちが学びうる教養も浮かび上がってくる。

五　人文・社会科学からテクノロジーの時代へ

人文・社会科学は、教養が試された十九世紀という時代にさかのぼっていく。十九世紀とは、思想史的には、新人文主義を背景にしつつ教養理念を基盤にした大学が創設された時代であり、社会史的には、教養市民層と呼ばれるエリート層が生みだされた時代である。しかし同時に、教養理念を引き倒すような事態も生じている。それは、自然科学が飛躍的な進歩を遂げたことであり、学問の専門化・職業化を推し進める制度ができあがったことである。そのとき教養は学問による人格形成から職業としての学問へと転換し、そして学問は実証科学へと変貌していった。こうしてわたしたちはテクノロジーの時代を迎えることになった。

六　技術時代における教養の意義

技術時代における教養は、科学技術が支配的となったわたしたちの時代に教養のあり方とその意味を問う。科学技術が専門性を高めていくにつれ、学問の細分化は決定的になり、統合の理念としての教養の意義は消え失せてしまった。では、教養は今日、どのようなかたちで新たな意義を獲得しうるだろうか。現代の教養に求められているのは、技術を文化としてとらえる包括的な理解ではなかろうか。教養はさまざまな価値を体現した技術文化を総合的に吟味して、二十一世紀に支配的となった技術＝文化のあり方を根本的に批判するものとなる。

七　統合の理念としての宗教

宗教は分裂したものを統合する理念として、教養の意義とその役割を問い直す。わたしたちの周りには、宗教に特別な関心を抱いている者がいる一方で、自分にはまったくかかわりのないことだとみなす者もいる。この関係を宗教と世俗の対話の問題としてとらえ直すこともできる。なぜ宗教はあるのか、そして宗教は必要なのか。宗教を対話の場とすることによって、自分たちの社会だけが唯一の社会ではなく別の社会がありうることを、わたしたちは知ることができるのではないだろうか。

八　自己超越としての芸術経験

わたしたちの経験は、教養の薫りを漂わせている芸術から、自己を成長させる余白と余裕を感じとろうとする。美しいとは理想であって、理想はわたしたちを自己が立つ場所からさらなる高みへと引き上げてくれる。自己を超越することは、教養の同義である自己形成には欠かせない。とはいっても、芸術経験はたんなる感覚ではなく、かといって抽象的な思考でもない。それは精神と身体がともに働く協働であり、ここに芸術と教養の接点が生まれてくる。

九　自己を他者へとひらいていく教養

教養とは自己を形成していくことであるが、自己形成にとって何よりも重要なのは、他者へ向かって自分をひらいていくことであり、そこから、より広い世界に向かってみずからの道を切りひらいていくことである。自己と他者がたがいに手を携えて歩んでいく社会を築くためにも、教養はまだまだ大事な役割を果たしていくことができるのではないだろうか。

自分とは異なる考えをもつ他者とコミュニケーションを図るには、技術的な困難をともなうだろうが、双方向の意思の伝達が可能となれば、そこには、自分の知らない世界が共同の場としてひらかれてくるのかもしれない。本書はそのためにも、教室のなかにとどまって議論をするのではなく、あえて学校から外に出て、社会のなかで教養のあり方を問いただしていこうとするものである。

教養も社会も、哲学・政治・宗教・芸術など、思想にかかわる主題のひとつであり、また、これにかかわる人間と合わせて考えるならば、学問が誕生した古代ギリシアから、教養の崩壊が危ぶまれる現代日本にいたるまで、一貫して変わらぬ問題であった。

しかしそうはいっても、本書で取り上げた問題は、いまの時代にふさわしい教養のあり方を問い、さらには将来にわたってあるべき教養の姿を模索するものであった。こうした試みは、大学という教育の現場では、教養教育という形をとって考察されるのであろうが、より専門的な場面では、哲学というよりもむしろ教育学や社会学などの分野で問題にされてきたことであろう。もちろん、これまでの問題設定とそれへの解答もそれぞれ意義のあることであった。

しかし、本書では、教養のもつ教育的な意義を認めつつも、主題となる考察の焦点をあえて社会的・思想史的な場面へと広げてみた。というのも、ここで試みたのは、学校教育の立場から教養教育についての提言を行うことではなく、むしろ教養という知のあり方が何を意味するのかを、もう一度、哲学・政治・宗教・芸術などの思想文化へ引き戻して考え直してみることだったからである。

本書の目的は、教養という理念にどのような社会的意義を取り戻すことができるかを模索することだった。さて、高度な専門化へと駆り立てられる現代社会のなかで、教養としての思想文化にどのような可能性を見いだすことができただろうか。読者からの批判を待ちたい。

参考文献

寄川条路編『新しい時代をひらく――教養と社会』角川学芸出版、二〇一一年。
寄川条路編『若者の未来をひらく――教養と教育』角川学芸出版、二〇一一年。

あとがき

筆者はこれまでに、思想文化を中心テーマにした学際的な研究会やシンポジウムを企画してきた。今回は、これらの研究成果を、メディア、インターカルチャー、グローバル・エシックスの三つをキーワードにして、ひとつの教養論へと仕上げてみた。一書とするにあたっては、すでに発表してきた論考に加筆訂正をして、全体としてつながりのあるものにしている。最後に初出を挙げておきたい。

序　章「若者の未来をひらく教養と教育」（寄川条路編『若者の未来をひらく――教養と教育』角川学芸出版、二〇一一年）

第1章「コミュニケーションとしての教養」（寄川条路編『若者の未来をひらく――教養と教育』角川学芸出版、二〇一一年）

第2章「教養はいまどこに？」（寄川条路編『新しい時代をひらく――教養と社会』角川学芸出版、二〇一一年）

第3章「メディア論と知のパラダイムシフト」（寄川条路編『メディア論――現代ドイツにお

ける知のパラダイム・シフト』御茶の水書房、二〇〇七年）
第４章「インターカルチャーと異文化の哲学」（寄川条路編『インター・カルチャー――異文化の哲学』晃洋書房、二〇〇九年）
第５章「グローバル・エシックスとは何か」（寄川条路編『グローバル・エシックス――寛容・連帯・世界市民』ミネルヴァ書房、二〇〇九年）
第６章「人文学とリベラルアーツのゆくえ」（玉川大学学術研究所人文科学研究センター編『フマニタス』第六号、二〇一五年）
終　章「新しい時代をひらく教養と社会」（寄川条路編『新しい時代をひらく――教養と社会』角川学芸出版、二〇一一年）

二〇一九年　夏

寄川条路

《著者紹介》

寄川条路（よりかわ　じょうじ）

1961年，福岡県生まれ．ドイツ・ボーフム大学大学院修了，文学博士．明治学院大学教養教育センター教授．専門は思想文化論．日本倫理学会和辻賞，日本随筆家協会賞などを受賞．

おもな作品

（単著）

『ヘーゲル――人と思想』晃洋書房，2018年．

『今泉六郎――ヘーゲル自筆本を日本にもたらした陸軍獣医』ナカニシヤ出版，2015年．

『東山魁夷――ふたつの世界，ひとすじの道』ナカニシヤ出版，2014年．

『新版　体系への道――初期ヘーゲル研究』創土社，2010年．

『ヘーゲル哲学入門』ナカニシヤ出版，2009年．

『〈あいだ〉の解釈学――異文化の理解にむけて』世界書院，2006年．

『ヘーゲル『精神現象学』を読む』世界思想社，2004年．

『東洋と西洋――カール・レーヴィットと鈴木大拙』中部日本教育文化会，2003年．

『構築と解体――ドイツ観念論の研究』晃洋書房，2003年．

（編著）

『大学の危機と学問の自由』法律文化社，2019年．

『大学における〈学問・教育・表現の自由〉を問う』法律文化社，2018年．

『ヘーゲルと現代社会』晃洋書房，2018年．

『ヘーゲルと現代思想』晃洋書房，2017年．

『ヘーゲル講義録入門』法政大学出版局，2016年．

『新しい時代をひらく――教養と社会』角川学芸出版，2011年．

『若者の未来をひらく――教養と教育』角川学芸出版，2011年．

『グローバル・エシックス――寛容・連帯・世界市民』ミネルヴァ書房，2009年．

『インター・カルチャー――異文化の哲学』晃洋書房，2009年．

『メディア論――現代ドイツにおける知のパラダイム・シフト』御茶の水書房，2007年．

『生命と倫理』学陽書房，2004年．

教養としての思想文化

2019年10月10日　初版第1刷発行　　＊定価はカバーに表示してあります

著　者　寄　川　条　路©
発行者　植　田　　実
印刷者　田　中　雅　博

発行所　株式会社　晃　洋　書　房
〒615-0026　京都市右京区西院北矢掛町7番地
電話　075（312）0788番㈹
振替口座　01040-6-32280

装丁　㈱クオリアデザイン事務所　　印刷・製本　創栄図書印刷㈱

ISBN 978-4-7710-3257-6